高等职业教育公共课精品教材

经济应用数学基础

主　编｜曹卫锋
副主编｜王红梅　史和娣　吴叶民　唐孝法
审　稿｜杨天明　梅　霞

中国轻工业出版社

图书在版编目（CIP）数据

经济应用数学基础/曹卫锋主编．—北京：中国轻工业出版社，2025.1

高等职业教育“十三五”规划教材

ISBN 978-7-5019-8660-6

Ⅰ.①经…　Ⅱ.①曹…　Ⅲ.①经济数学—高等职业教育—教材

Ⅳ.①F224.0

中国版本图书馆 CIP 数据核字（2016）第 316546 号

内容简介

本书是经过作者多年的教学实践并依据“高职高专教育专业人才培养目标”进行编写的。本书坚持应用为目的，够用、实用为原则。主要内容包括：线性代数、随机事件及其概率、随机变量及其数字特征、数理统计基础知识、Matlab 软件应用等。各章开头均有本章提要，主要介绍本章主要知识点，每节有对应练习题，每章后有章自测题，便于学生对每个知识点的进一步巩固。

本书编写上轻理论、重应用，可作为高职院校经济管理类专业的数学教材，也可供有关人员自学经济数学知识使用。

责任编辑：张文佳　　责任终审：简延荣　　封面设计：锋尚设计
版式设计：王超男　　责任校对：吴大朋　　责任监印：张京华

出版发行：中国轻工业出版社（北京鲁谷东街 5 号，邮编：100040）
印　　刷：北京君升印刷有限公司
经　　销：各地新华书店
版　　次：2025 年 1 月第 1 版第 3 次印刷
开　　本：787 × 1092　1/16　印张：8.75
字　　数：202 千字
书　　号：ISBN 978-7-5019-8660-6　定价：25.00 元
邮购电话：010 – 85119873
发行电话：010 – 85119832　010 – 85119912
网　　址：http://www.chlip.com.cn
Email：club@chlip.com.cn

242714J2C103ZBW

前　言

PREFACE

高等职业教育是我国高等教育的一个重要组成部分，其目标是培养生产和管理第一线的技术应用型人才。本教材以高等职业教育的培养目标为宗旨，以提高学生自主学习能力和实际应用能力为指导进行编写。编写中既考虑知识结构的完整性又注重实用性，以“应用为目的，够用为度”为原则，并兼顾了时代的发展。

本教材编写力求体现以下特点：

1. 数学为本，实际应用。本教材的基本概念从实际问题入手，并结合多方面的联系，以提高学生解决实际问题的能力。

2. 降低了系统理论的要求。本教材中的定理、结论都淡化了理论证明，配以几何直观解释。每节有一定量的习题，每章有章测试题，便于学生加强练习，巩固知识。

3. 每章前都有本章提要，使学生对本章有一整体认识，促进学生自学。

本教材内容分为线性代数、概率统计、软件应用三个模块，共七章。由曹卫锋（江苏农林职业技术学院）主编。参加编写的还有王红梅（江苏农林职业技术学院）、史和娣（江苏农林职业技术学院）、唐孝法（江苏农林职业技术学院）、吴叶民（江阴职业技术学院）。具体分工如下：第一章由史和娣编写，第二章由唐孝法编写，第三、四、五章由曹卫锋编写，第六章由王红梅编写，第七章由吴叶民编写。全书由曹卫锋统稿，由江苏农林职业技术学院杨天明、梅霞副教授审稿，在此一并表示感谢！

由于编写时间仓促，加之编者水平有限，书中漏误之处在所难免，敬请专家、同仁以及广大读者提出宝贵意见。

编　者

2016 年 10 月

目　录

CONTENTS

第一章 矩阵

【本章提要】

矩阵是线性代数的核心,它是从许多实际问题中抽象出来的一个数学概念,它在自然科学领域、经济管理等领域中有着广泛的应用. 本章主要介绍矩阵的概念,矩阵的运算,矩阵行列式,逆矩阵的概念与性质以及矩阵的秩等内容.

第一节 矩阵的概念

在日常生产和生活中,我们经常会用一些数表来表示一些量或关系,下面请看几个例子.

例 1 某户居民第一季度每个月,水(单位:吨)、电(单位:千瓦时)、天然气(单位:立方米)的使用情况,可以用一个三行三列的数表表示为:

$$\begin{matrix} 水 & 电 & 气 \end{matrix}$$
$$\begin{bmatrix} 10 & 190 & 20 \\ 13 & 200 & 19 \\ 9 & 185 & 18 \end{bmatrix}$$

例 2 某班 4 名学生甲、乙、丙、丁的 3 门课程 A、B、C 的期末考试成绩,可以用一个四行三列的数表表示为:

$$\begin{matrix} \mathrm{A} & \mathrm{B} & \mathrm{C} \end{matrix}$$
$$\begin{bmatrix} 98 & 74 & 65 \\ 70 & 89 & 60 \\ 80 & 75 & 90 \\ 88 & 60 & 85 \end{bmatrix}$$

显然上述例子中的两个数表中,每个位置的数都具有其特殊的意义,不能随意调换,我们把这样的矩形数表称为矩阵.

一、矩阵的概念

定义 1.1 由 $m\times n$ 个数 $a_{ij}(i=1,2,\cdots,m;j=1,2,\cdots n)$ 排成一个 m 行 n 列,且用方括弧(或圆括弧)表示的矩形数表,

$$\begin{bmatrix} a_{11} & a_{12} & \cdots & a_{1n} \\ a_{21} & a_{22} & \cdots & a_{2n} \\ \vdots & \vdots & & \vdots \\ a_{m1} & a_{m2} & \cdots & a_{mn} \end{bmatrix}$$

称为一个 $m \times n$ 的矩阵，通常用大写字母 $A,B,C\cdots$ 表示，记作：$A_{m\times n}$，或者记作 $(a_{ij})_{m\times n}$，其中 a_{ij} 表示矩阵的第 i 行第 j 列的元素．

以上例题中的两个数表都可以记作矩阵，

$$A_{3\times 3}=\begin{bmatrix}10 & 190 & 20\\ 13 & 200 & 19\\ 9 & 185 & 18\end{bmatrix},B_{4\times 3}=\begin{bmatrix}98 & 74 & 65\\ 70 & 89 & 60\\ 80 & 75 & 90\\ 88 & 60 & 85\end{bmatrix}.$$

定义 1.2　若两个矩阵 A,B，它们的行数和列数分别对应相同，则称矩阵 A 与矩阵 B 是同型矩阵．

注：矩阵 A,B 是同型矩阵，不妨设 $A=(a_{ij})_{m\times n}$，$B=(b_{ij})_{m\times n}$，若

$$a_{ij}=b_{ij}(i=1,2,\cdots,m;\quad j=1,2,\cdots,n),$$

则称矩阵 A 与矩阵 B 相等，记作：$A=B$.

二、几种特殊的矩阵

1. 行矩阵

只有一行的矩阵称为行矩阵，即：

$$A=(a_{11},a_{12},\cdots,a_{1n}).$$

2. 列矩阵

只有一列的矩阵称为列矩阵，即：

$$B=\begin{bmatrix}b_{11}\\ b_{21}\\ \vdots\\ b_{m1}\end{bmatrix}.$$

3. 零矩阵

所有元素均为 0 的矩阵，称为零矩阵，记作：0. 例如：$0_{2\times 3}=\begin{bmatrix}0 & 0 & 0\\ 0 & 0 & 0\end{bmatrix}$.

4. 方阵

行数和列数相等，都为 n 的矩阵，称为 n 阶方阵，记作 A_n，即：

$$A_n=\begin{bmatrix}a_{11} & a_{12} & \cdots & a_{1n}\\ a_{21} & a_{22} & \cdots & a_{2n}\\ \vdots & \vdots & & \vdots\\ a_{n1} & a_{n2} & \cdots & a_{nn}\end{bmatrix}.$$

5. 上（下）三角矩阵

矩阵 A 为 n 阶方阵，形如：$A_n=\begin{bmatrix}a_{11} & a_{12} & \cdots & a_{1n}\\ 0 & a_{22} & \cdots & a_{2n}\\ \vdots & \vdots & \ddots & \vdots\\ 0 & 0 & \cdots & a_{nn}\end{bmatrix}$ 称为上三角矩阵．

即：当 $i>j$ 时，$a_{ij}=0(i,j=1,2,\cdots,n)$.

形如：$A_n=\begin{bmatrix} a_{11} & 0 & \cdots & 0 \\ a_{21} & a_{22} & \cdots & 0 \\ \vdots & \vdots & \ddots & \vdots \\ a_{n1} & a_{n2} & \cdots & a_{nn} \end{bmatrix}$称为下三角矩阵.

即：当 $i<j$ 时，$a_{ij}=0(i,j=1,2,\cdots,n)$.

6. **对角阵**

矩阵 A 为 n 阶方阵，形如：

$A_n=\begin{bmatrix} a_{11} & 0 & \cdots & 0 \\ 0 & a_{22} & \cdots & 0 \\ \vdots & \vdots & \ddots & \vdots \\ 0 & 0 & \cdots & a_{nn} \end{bmatrix}$称为对角阵，其中 a_{ii}不全为 $0(i=1,2,\cdots,n)$.

对角矩阵中的 0 也可以不写，例如 $A_n=\begin{bmatrix} a_{11} & & & \\ & a_{22} & & \\ & & \ddots & \\ & & & a_{nn} \end{bmatrix}$.

7. **数量阵**

矩阵 A 为 n 阶对角阵，且 $a_{11}=a_{22}=\cdots=a_{nn}=a$，则称 A 为 n 阶数量阵，即：

$$A_n=\begin{bmatrix} a & & & \\ & a & & \\ & & \ddots & \\ & & & a \end{bmatrix}（规定：a\neq 0）.$$

8. **单位阵**

若 n 阶数量矩阵 A 中，$a=1$，则称 A 为 n 阶单位阵，记作：E_n，即：

$$E_n=\begin{bmatrix} 1 & & & \\ & 1 & & \\ & & \ddots & \\ & & & 1 \end{bmatrix}.$$

例如，三阶单位阵 $E_3=\begin{bmatrix} 1 & 0 & 0 \\ 0 & 1 & 0 \\ 0 & 0 & 1 \end{bmatrix}$.

习题 1－1

1. 已知矩阵 $A=(a_{ij})_{2\times 3}=\begin{bmatrix} 1 & -1 & 3 \\ 2 & 0 & 4 \end{bmatrix}$，则元素 $a_{21}=$__________.
2. 已知矩阵 $A_{m\times 3}$，$B_{4\times n}$，且矩阵 A 与矩阵 B 同型，则 $m=$__________，$n=$__________.
3. 写出二阶单位阵 $E_2=$__________.
4. 矩阵 $A=\begin{bmatrix} a & 1 \\ -1 & b \\ c & 2 \end{bmatrix}$，$B=\begin{bmatrix} -1 & 1 \\ x & 3 \\ 5 & y \end{bmatrix}$，且 $A=B$，求常数 a,b,c,x,y.

第二节　矩阵的运算

矩阵的意义不仅在于它可以清晰地表示大量数据,而且在于它可以定义一些有意义的运算,从而可以研究或解决实际问题．本节将介绍矩阵的一些运算及其运算规律．

一、矩阵的加减法

定义 2.1　设两个同型的矩阵 $A=(a_{ij})_{m\times n}$,$B=(b_{ij})_{m\times n}$,则称矩阵

$$C=\begin{bmatrix} a_{11}+b_{11} & a_{12}+b_{12} & \cdots & a_{1n}+b_{1n} \\ a_{21}+b_{21} & a_{22}+b_{22} & \cdots & a_{2n}+b_{2n} \\ \vdots & \vdots & & \vdots \\ a_{m1}+b_{m1} & a_{m2}+b_{m2} & \cdots & a_{mn}+b_{mn} \end{bmatrix}$$

为矩阵 A 与 B 的和,记作:

$$C=A+B=(a_{ij}+b_{ij})_{m\times n}.$$

给定矩阵 $A=(a_{ij})_{m\times n}$,我们可以定义矩阵 A 的负矩阵 $-A=(-a_{ij})_{m\times n}$,因此我们就可以定义矩阵的减法:$A-B=A+(-B)=(a_{ij}-b_{ij})_{m\times n}$.

注:只有同型矩阵才能做加减运算．

设 $A,B,C,0$ 都是 $m\times n$ 矩阵,根据定义 2.1,矩阵的加法就是它们对应位置的元素相加,由于数字加法满足交换律和结合律,因此矩阵加法满足以下运算规律:

1. 交换律:$A+B=B+A$;
2. 结合律:$(A+B)+C=A+(B+C)$;
3. 存在零元:$A+0=0+A=A$;
4. 存在负元:$A+(-A)=-A+A=0$.

二、矩阵的数乘

定义 2.2　矩阵 $A=(a_{ij})_{m\times n}$,k 是一个任意实数,则

$$kA=(ka_{ij})_{m\times n}=\begin{bmatrix} ka_{11} & ka_{12} & \cdots & ka_{1n} \\ ka_{21} & ka_{22} & \cdots & ka_{2n} \\ \vdots & \vdots & & \vdots \\ ka_{m1} & ka_{m2} & \cdots & ka_{mn} \end{bmatrix}$$

称为实数 k 与矩阵 A 的数乘矩阵．

注:矩阵的数乘相当于用该实数去乘以矩阵的每一个元素．特别地,当 $k=-1$ 时,$(-1)A=(-a_{ij})_{m\times n}=-A$.

根据数乘的定义,矩阵数乘运算满足以下规律:

设 A,B 是 $m\times n$ 的矩阵,k,l 是两个任意实数,则:

1. 数与矩阵的结合律:$k(lA)=(kl)A$;
2. 数对矩阵的分配律:$k(A+B)=kA+kB$;
3. 矩阵对数的分配律:$(k+l)A=kA+lA$.

例 1　已知矩阵 $A=\begin{bmatrix} 0 & -1 & 2 \\ 1 & 4 & 3 \end{bmatrix}$,　$B=\begin{bmatrix} 1 & -2 & -1 \\ 1 & 3 & 0 \end{bmatrix}$,求矩阵 $2A-3B$.

解:$2A=\begin{bmatrix}0&-2&4\\2&8&6\end{bmatrix}$,$3B=\begin{bmatrix}3&-6&-3\\3&9&0\end{bmatrix}$

则 $2A-3B=\begin{bmatrix}0&-2&4\\2&8&6\end{bmatrix}-\begin{bmatrix}3&-6&-3\\3&9&0\end{bmatrix}=\begin{bmatrix}-3&4&7\\-1&-1&6\end{bmatrix}$.

例 2 已知矩阵 $A=\begin{pmatrix}2&-3\\0&1\end{pmatrix}$,$B=\begin{pmatrix}-1&4\\2&3\end{pmatrix}$,且满足矩阵方程 $A+2X=B$,求未知矩阵 X.

解:由矩阵方程 $A+2X=B$,得 $X=\frac{1}{2}(B-A)$.

$$B-A=\begin{pmatrix}-1&4\\2&3\end{pmatrix}-\begin{pmatrix}2&-3\\0&1\end{pmatrix}=\begin{pmatrix}-3&7\\2&2\end{pmatrix}$$

$$X=\frac{1}{2}(B-A)=\frac{1}{2}\begin{pmatrix}-3&7\\2&2\end{pmatrix}=\begin{pmatrix}-\frac{3}{2}&\frac{7}{2}\\1&1\end{pmatrix}.$$

三、矩阵的乘法

我们先来看一个例子.

例 3 某地区有甲、乙、丙 3 个企业生产Ⅰ、Ⅱ、Ⅲ、Ⅳ四种产品,矩阵 A 表示一年中各企业生产这些产品的数量,矩阵 B 表示各种产品的单位价格和单位利润(如下):

$$A=\begin{pmatrix}80&100&60&90\\90&120&75&65\\85&95&80&70\end{pmatrix}\begin{matrix}甲\\乙\\丙\end{matrix}\qquad B=\begin{bmatrix}6&1.6\\8&2.5\\10&4\\5&1\end{bmatrix}$$

Ⅰ　Ⅱ　Ⅲ　Ⅳ　　　　价格 利润

用矩阵 $C=(c_{ij})$ 表示各个企业的总收入和总利润,则:

收入:

$$c_{11}=80\times6+100\times8+60\times10+90\times5=2330\text{(甲企业的总收入)}$$

$$c_{21}=90\times6+120\times8+75\times10+65\times5=2575\text{(乙企业的总收入)}$$

$$c_{31}=85\times6+95\times8+80\times10+70\times5=2420\text{(丙企业的总收入)}$$

利润:

$$c_{12}=80\times1.6+100\times2.5+60\times4+90\times1=708\text{(甲企业的总利润)}$$

$$c_{22}=90\times1.6+120\times2.5+75\times4+65\times1=809\text{(乙企业的总利润)}$$

$$c_{32}=85\times1.6+95\times2.5+80\times4+70\times1=967.5\text{(丙企业的总利润)}$$

所以 $C=(c_{ij})_{3\times2}=\begin{bmatrix}2330&708\\2575&809\\2420&967.5\end{bmatrix}$

总收入 总利润

不难看出,矩阵 C 中元素 c_{11} 正好是矩阵 A 的第一行与矩阵 B 的第一列的对应元素乘积之和,依次类推,就可以定义矩阵的乘法.

定义 2.3 设矩阵 $A=(a_{ij})$ 是一个 $m\times s$ 矩阵,矩阵 $B=(b_{ij})$ 是一个 $s\times n$ 矩阵,即

$$A=\begin{bmatrix} a_{11} & a_{12} & \cdots & a_{1s} \\ a_{21} & a_{22} & \cdots & a_{2s} \\ \vdots & \vdots & & \vdots \\ a_{m1} & a_{m2} & \cdots & a_{ms} \end{bmatrix}_{m\times s},B=\begin{bmatrix} b_{11} & b_{12} & \cdots & b_{1n} \\ b_{21} & b_{22} & \cdots & b_{2n} \\ \vdots & \vdots & & \vdots \\ b_{s1} & b_{s2} & \cdots & b_{sn} \end{bmatrix}_{s\times n},$$

则它们的乘积矩阵 $C=AB=(c_{ij})$ 是一个 $m\times n$ 的矩阵，且

$$c_{ij}=a_{i1}b_{1j}+a_{i2}b_{2j}+a_{i3}b_{3j}+\cdots+a_{is}b_{sj}\quad(i=1,2,3,\cdots,m;\quad j=1,2,3,\cdots,n).$$

注：(1)只有当左矩阵 A 的列数与右矩阵 B 的行数相等时，式 AB 才有意义；

(2)乘积矩阵 $C=AB$ 还是矩阵，它的行数等于左矩阵 A 的行数，它的列数等于右矩阵 B 的列数；

(3)乘积矩阵 C 中元素 c_{ij} 等于左矩阵 A 的第 i 行元素与右矩阵 B 的第 j 列对应元素乘积之和.

例 4　已知 $A=\begin{bmatrix} 2 & 1 & -2 \\ -1 & 0 & 3 \end{bmatrix},B=\begin{bmatrix} 3 & -5 \\ 4 & 0 \\ 2 & 1 \end{bmatrix}$，求 AB 与 BA.

解：$AB=\begin{bmatrix} 2 & 1 & -2 \\ -1 & 0 & 3 \end{bmatrix}\begin{bmatrix} 3 & -5 \\ 4 & 0 \\ 2 & 1 \end{bmatrix}$

$$=\begin{bmatrix} 2\times3+1\times4+(-2)\times2 & 2\times(-5)+1\times0+(-2)\times1 \\ -1\times3+0\times4+3\times2 & -1\times(-5)+0\times0+3\times1 \end{bmatrix}=\begin{bmatrix} 6 & -12 \\ 3 & 8 \end{bmatrix},$$

$$BA=\begin{bmatrix} 3 & -5 \\ 4 & 0 \\ 2 & 1 \end{bmatrix}\begin{bmatrix} 2 & 1 & -2 \\ -1 & 0 & 3 \end{bmatrix}=\begin{bmatrix} 6+5 & 3+0 & -6-15 \\ 8+0 & 4+0 & -8+0 \\ 4-1 & 2+0 & -4+3 \end{bmatrix}=\begin{bmatrix} 11 & 3 & -21 \\ 8 & 4 & -8 \\ 3 & 2 & -1 \end{bmatrix}.$$

例 5　已知矩阵 $A=\begin{bmatrix} 2 & 0 & 0 \\ 0 & 2 & 0 \\ 0 & 0 & 2 \end{bmatrix},B=\begin{bmatrix} 1 & 2 & 3 & -1 \\ -1 & 1 & 0 & 2 \\ 0 & 5 & 1 & -2 \end{bmatrix}$，求 AB 与 BA.

解：$AB=\begin{bmatrix} 2 & 0 & 0 \\ 0 & 2 & 0 \\ 0 & 0 & 2 \end{bmatrix}\begin{bmatrix} 1 & 2 & 3 & -1 \\ -1 & 1 & 0 & 2 \\ 0 & 5 & 1 & -2 \end{bmatrix}=\begin{bmatrix} 2 & 4 & 6 & -2 \\ -2 & 2 & 0 & 4 \\ 0 & 10 & 2 & -4 \end{bmatrix}$

因为 B 的列数不等于 A 的行数，所以 BA 没有意义.

注：(1)该题中矩阵 A 是一个数量阵，从结果来看，如果一个数量阵乘以一个矩阵(假设可以相乘)，那么相当于数乘该矩阵；

(2)由上述两个例题可知，矩阵的乘法一般不满足交换律. AB 有意义，但 BA 不一定有意义，即使都有意义，但一般 $AB\neq BA$.

矩阵乘法不满足交换律是对一般情况而言的，但若矩阵 A、B 满足：$AB=BA$，则称矩阵 A、B 是可交换的.

例 6　已知矩阵 $A=\begin{bmatrix} 1 & 1 \\ 0 & 1 \end{bmatrix},B=\begin{bmatrix} 2 & 1 \\ 0 & 2 \end{bmatrix}$，试问 A,B 是否可交换？

解：$AB=\begin{bmatrix} 1 & 1 \\ 0 & 1 \end{bmatrix}\begin{bmatrix} 2 & 1 \\ 0 & 2 \end{bmatrix}=\begin{bmatrix} 2 & 3 \\ 0 & 2 \end{bmatrix},$

$$BA=\begin{bmatrix}2&1\\0&2\end{bmatrix}\begin{bmatrix}1&1\\0&1\end{bmatrix}=\begin{bmatrix}2&3\\0&2\end{bmatrix},$$

$$AB=BA$$

所以 A,B 是可交换的.

例 7 已知矩阵 $A=\begin{bmatrix}1&-1\\-1&1\end{bmatrix}$,$B=\begin{bmatrix}1&-1\\1&-1\end{bmatrix}$,试求 AB.

解:$AB=\begin{bmatrix}1&-1\\-1&1\end{bmatrix}\begin{bmatrix}1&-1\\1&-1\end{bmatrix}=\begin{bmatrix}0&0\\0&0\end{bmatrix}$.

由此看出,$A\neq 0$,$B\neq 0$,但 $AB=0$.

以上描述了一些矩阵乘法与数的乘法的不同之处,读者也可以自行举例说明,矩阵乘法也不满足消去律. 但矩阵乘法也有与数的乘法相似的运算规律:

1. 结合律:$(AB)C=A(BC)$
2. 左乘分配律:$A(B+C)=AB+AC$

   右乘分配律:$(B+C)A=BA+CA$
3. 对任意实数 k,有 $k(AB)=(kA)B=A(kB)$.

对于 n 阶方阵 A 及自然数 n,有

$$\underbrace{A\cdot A\cdot\cdots\cdot A}_{n}=A^n$$

称为方阵 A 的 n 次幂. 特别地,当 $n=0$ 时,规定 $A^0=E$.

方阵的幂次与实数的幂次具有类似的性质:

① $A^{n_1}\cdot A^{n_2}=A^{n_1+n_2}$;

② $(A^{n_1})^{n_2}=A^{n_1n_2}$.

例 8 二阶单位阵 $E=\begin{bmatrix}1&0\\0&1\end{bmatrix}$,求 $E^2,E^3,E^n(n\in N)$.

解:$E^2=\begin{bmatrix}1&0\\0&1\end{bmatrix}\begin{bmatrix}1&0\\0&1\end{bmatrix}=\begin{bmatrix}1&0\\0&1\end{bmatrix}$

$$E^3=E^2\cdot E=\begin{bmatrix}1&0\\0&1\end{bmatrix}\begin{bmatrix}1&0\\0&1\end{bmatrix}=\begin{bmatrix}1&0\\0&1\end{bmatrix}$$

依此类推,$E^n=\begin{bmatrix}1&0\\0&1\end{bmatrix}$.

例 9 用矩阵形式表示线性方程组:

$$\begin{cases}2x_1-x_2+x_3-3x_4=-1\\x_1+2x_2-3x_3-x_4=2\\3x_1+x_2-2x_3+2x_4=1\end{cases}$$

解:上述方程可以写成矩阵形式

$$\begin{bmatrix}2x_1-x_2+x_3-3x_4\\x_1+2x_2-3x_3-x_4\\3x_1+x_2-2x_3+2x_4\end{bmatrix}=\begin{bmatrix}-1\\2\\1\end{bmatrix}$$

由矩阵乘法知

$$\begin{bmatrix}2 & -1 & 1 & -3\\ 1 & 2 & -3 & -1\\ 3 & 1 & -2 & 2\end{bmatrix}\begin{bmatrix}x_1\\ x_2\\ x_3\\ x_4\end{bmatrix}=\begin{bmatrix}-1\\ 2\\ 1\end{bmatrix}$$

记

$$A=\begin{bmatrix}2 & -1 & 1 & -3\\ 1 & 2 & -3 & -1\\ 3 & 1 & -2 & 2\end{bmatrix},X=\begin{bmatrix}x_1\\ x_2\\ x_3\\ x_4\end{bmatrix},B=\begin{bmatrix}-1\\ 2\\ 1\end{bmatrix}$$

则原方程组可表示为 $AX=B$.

一般地,在线性方程组

$$\begin{cases}a_{11}x_1+a_{12}x_2+\cdots+a_{1n}x_n=b_1\\ a_{21}x_1+a_{22}x_2+\cdots+a_{2n}x_n=b_2\\ \qquad\vdots\\ a_{m1}x_1+a_{m2}x_2+\cdots+a_{mn}x_n=b_m\end{cases}\text{中,}$$

令

$$A=\begin{bmatrix}a_{11} & a_{12} & \cdots & a_{1n}\\ a_{21} & a_{22} & \cdots & a_{2n}\\ \vdots & \vdots & \vdots & \vdots\\ a_{m1} & a_{m2} & \cdots & a_{mn}\end{bmatrix},X=\begin{bmatrix}x_1\\ x_2\\ \vdots\\ x_n\end{bmatrix},B=\begin{bmatrix}b_1\\ b_2\\ \vdots\\ b_m\end{bmatrix}$$

则方程组可以表示为矩阵乘法形式 $AX=B$.

四、矩阵的转置

定义 2.4 将一个 $m\times n$ 的矩阵

$$A=\begin{bmatrix}a_{11} & a_{12} & \cdots & a_{1n}\\ a_{21} & a_{22} & \cdots & a_{2n}\\ \vdots & \vdots & & \vdots\\ a_{m1} & a_{m2} & \cdots & a_{mn}\end{bmatrix}$$

的行和列依次互换,所得到的一个 $n\times m$ 矩阵,称为 A 的转置矩阵,记作 A^T. 即:

$$A^T=\begin{bmatrix}a_{11} & a_{21} & \cdots & a_{m1}\\ a_{12} & a_{22} & \cdots & a_{m2}\\ \vdots & \vdots & & \vdots\\ a_{1n} & a_{2n} & \cdots & a_{mn}\end{bmatrix}$$

例 10 设矩阵 $A=[1 \quad -3]$,$B=\begin{bmatrix}2 & -1 & 1\\ 1 & 0 & 0\end{bmatrix}$,写出它们的转置矩阵,并求 A^TA 与 BB^T.

解:$A^T=\begin{bmatrix}1\\ -3\end{bmatrix}$

$$B^T=\begin{bmatrix}2&1\\-1&0\\1&0\end{bmatrix}$$

$$A^TA=\begin{bmatrix}1\\-3\end{bmatrix}[1\quad -3]=\begin{bmatrix}1&-3\\-3&9\end{bmatrix}$$

$$BB^T=\begin{bmatrix}2&-1&1\\1&0&0\end{bmatrix}\begin{bmatrix}2&1\\-1&0\\1&0\end{bmatrix}=\begin{bmatrix}6&2\\2&1\end{bmatrix}.$$

矩阵转置的运算性质：

1. $(A^T)^T=A$;
2. $(A+B)^T=A^T+B^T$;
3. $(kA)^T=kA^T$（k 为实数）；
4. $(AB)^T=B^TA^T$.

五、矩阵的初等变换

利用初等变换把矩阵 A 化为形式简单的矩阵 B，再通过矩阵 B 来研究矩阵 A 的相关性质，这个方法在后续研究逆矩阵和线性方程组的解等问题中有着重要的作用.

定义 2.5 对矩阵施以下列三种变换：

(1) 对换矩阵的两行（列）；

(2) 用一个非零的数 k 乘矩阵的某一行（列）；

(3) 把矩阵某一行（列）的 k 倍加到另一行（列）上，

称为矩阵的初等行（列）变换，矩阵的初等行变换和初等列变换统称为矩阵的初等变换，本书主要讨论矩阵的初等行变换.

对换矩阵的第 i 行和第 j 行，简记作（ⓘ，ⓙ）；用数 k 乘矩阵的第 i 行，简记作 kⓘ；矩阵的第 i 行乘 k 倍加到第 j 行上，简记作ⓙ $+k$ⓘ.

例 11 将矩阵 $A=\begin{bmatrix}1&2&3\\-2&1&0\\0&1&4\end{bmatrix}$ 初等行变换成上三角矩阵.

解： $A=\begin{bmatrix}1&2&3\\-2&1&0\\0&1&4\end{bmatrix}\xrightarrow{②+2①}\begin{bmatrix}1&2&3\\0&5&6\\0&1&4\end{bmatrix}\xrightarrow{(②,③)}\begin{bmatrix}1&2&3\\0&1&4\\0&5&6\end{bmatrix}\xrightarrow{③+(-5)②}\begin{bmatrix}1&2&3\\0&1&4\\0&0&-14\end{bmatrix}.$

注： 矩阵进行初等行（列）变换之后，已经与原来的矩阵不相同了，因此初等变换时我们用箭头连接这些过程.

习题 1－2

1. 计算：

(1) $\begin{bmatrix}1&0&3\\-2&1&0\end{bmatrix}+\begin{bmatrix}-1&1&3\\5&2&4\end{bmatrix}$

(2) $\begin{bmatrix}1&-2\\7&1\end{bmatrix}-\begin{bmatrix}-1&-2\\5&0\end{bmatrix}$

(3) $2\begin{bmatrix} 1 & 5 \\ -2 & 2 \end{bmatrix} - 3\begin{bmatrix} 0 & -1 \\ 1 & -2 \end{bmatrix}$　　(4) $\frac{1}{2}\begin{bmatrix} 8 & 4 \\ 0 & 3 \\ 1 & 6 \end{bmatrix}$

2. 已知矩阵 $A = \begin{bmatrix} 1 & 1 & 1 \\ 2 & -1 & 2 \\ 3 & 0 & -5 \end{bmatrix}$，$B = \begin{bmatrix} 2 & 1 & -1 \\ 2 & -3 & 0 \\ 1 & 0 & 1 \end{bmatrix}$，且满足矩阵方程 $2A + 3X = B$，求未知矩阵 X.

3. 计算

(1) $\begin{bmatrix} 1 & 1 \\ 0 & 2 \end{bmatrix}\begin{bmatrix} 0 & 1 \\ 1 & -2 \end{bmatrix}$　　(2) $\begin{bmatrix} 1 & 0 \\ 1 & 2 \end{bmatrix}\begin{bmatrix} 1 & -2 & 3 \\ 0 & 1 & 1 \end{bmatrix}$

(3) $\begin{bmatrix} 1 & 2 & 3 \end{bmatrix}\begin{bmatrix} 2 \\ 0 \\ -1 \end{bmatrix}$　　(4) $\begin{bmatrix} 2 \\ 0 \\ 1 \end{bmatrix}\begin{bmatrix} 1 & -1 & 3 \end{bmatrix}$

(5) $\begin{bmatrix} 1 & 2 & 3 \\ -1 & 2 & 1 \end{bmatrix}\begin{bmatrix} 1 & 2 & 0 \\ 0 & -1 & -2 \\ 1 & 3 & 2 \end{bmatrix}$　　(6) $\begin{bmatrix} 1 & 0 & 4 \\ 1 & 1 & 2 \\ -1 & 1 & -3 \end{bmatrix}\begin{bmatrix} -2 \\ 3 \\ 1 \end{bmatrix}$

4. 设矩阵 $A = \begin{bmatrix} 1 & -1 & 3 \\ 2 & 1 & 0 \\ 0 & 1 & 1 \end{bmatrix}$，$B = \begin{bmatrix} -1 & 0 & 1 \\ 4 & 1 & 0 \\ 1 & 0 & -3 \end{bmatrix}$，

求：(1) A^T　　(2) B^T　　(3) $(A^TB)^T$　　(4) A^2.

5. 用矩阵初等行变换把下列矩阵化为上三角矩阵：

(1) $\begin{bmatrix} 1 & 2 \\ 2 & 3 \end{bmatrix}$　　(2) $\begin{bmatrix} 1 & 0 & -1 \\ 2 & 3 & 1 \\ 0 & 1 & -2 \end{bmatrix}$　　(3) $\begin{bmatrix} 2 & -2 & 3 & 4 \\ 1 & 0 & 2 & 1 \\ 0 & 2 & -3 & 0 \\ 1 & 1 & 2 & -1 \end{bmatrix}$

6. 利用初等行变换将矩阵 $\begin{bmatrix} 1 & 1 & 0 \\ 0 & 1 & 0 \\ -2 & 0 & -1 \end{bmatrix}$ 化为单位阵.

第三节　矩阵行列式

在矩阵的运算中，还有一种非常重要的运算，叫矩阵行列式，而行列式是研究线性代数的重要工具，因此这里我们用单独一节来讨论矩阵的行列式.

下面我们先来看一个二元一次方程组：

例 1　求解方程组 $\begin{cases} a_{11}x_1 + a_{12}x_2 = b_1 \\ a_{21}x_1 + a_{22}x_2 = b_2 \end{cases}$.

用消元法，可得方程组的解：

$$\begin{cases} x_1 = \dfrac{b_1a_{22} - b_2a_{12}}{a_{11}a_{22} - a_{12}a_{21}} \\ x_2 = \dfrac{b_2a_{11} - b_1a_{21}}{a_{11}a_{22} - a_{12}a_{21}} \end{cases} \tag{1-1}$$

其中 $a_{11}a_{22} - a_{12}a_{21} \neq 0$.

一、二阶、三阶行列式

定义 3.1 设二阶矩阵 $A = \begin{bmatrix} a_{11} & a_{12} \\ a_{21} & a_{22} \end{bmatrix}$,矩阵 A 中元素的位置不变,而将方括弧(或圆括弧)改成如下形式:

$$\begin{vmatrix} a_{11} & a_{12} \\ a_{21} & a_{22} \end{vmatrix},$$

称为矩阵 A 的二阶行列式,记作:$|A|$,且规定

$$\begin{vmatrix} a_{11} & a_{12} \\ a_{21} & a_{22} \end{vmatrix} = a_{11}a_{22} - a_{12}a_{21}.$$

次对角线　主对角线

注:由定义可知,二阶行列式是一个数值,计算二阶行列式的方法称为对角线法则.

因此,例 1 中三个矩阵行列式就可以计算,分别为:

$$|A| = \begin{vmatrix} a_{11} & a_{12} \\ a_{21} & a_{22} \end{vmatrix} = a_{11}a_{22} - a_{12}a_{21},$$

$$|A_1| = \begin{vmatrix} b_1 & a_{12} \\ b_2 & a_{22} \end{vmatrix} = b_1a_{22} - b_2a_{12},$$

$$|A_2| = \begin{vmatrix} a_{11} & b_1 \\ a_{21} & b_2 \end{vmatrix} = b_2a_{11} - b_1a_{21},$$

而方程组的解(1)式就可以表示为:

$$\begin{cases} x_1 = \dfrac{b_1a_{22} - b_2a_{12}}{a_{11}a_{22} - a_{12}a_{21}} = \dfrac{\begin{vmatrix} b_1 & a_{12} \\ b_2 & a_{22} \end{vmatrix}}{\begin{vmatrix} a_{11} & a_{12} \\ a_{21} & a_{22} \end{vmatrix}} = \dfrac{|A_1|}{|A|} \\ x_2 = \dfrac{b_2a_{11} - b_1a_{21}}{a_{11}a_{22} - a_{12}a_{21}} = \dfrac{\begin{vmatrix} a_{11} & b_1 \\ a_{21} & b_2 \end{vmatrix}}{\begin{vmatrix} a_{11} & a_{12} \\ a_{21} & a_{22} \end{vmatrix}} = \dfrac{|A_2|}{|A|} \end{cases} \quad (|A| \neq 0)$$

二阶行列式的概念可推广到更高阶的行列式.

定义 3.2 用记号 $\begin{vmatrix} a_{11} & a_{12} & a_{13} \\ a_{21} & a_{22} & a_{23} \\ a_{31} & a_{32} & a_{33} \end{vmatrix}$ 表示代数和:

$$a_{11}a_{22}a_{33}+a_{12}a_{23}a_{31}+a_{13}a_{21}a_{32}-a_{11}a_{23}a_{32}-a_{12}a_{21}a_{33}-a_{13}a_{22}a_{31}$$

称为矩阵 $A=\begin{bmatrix} a_{11} & a_{12} & a_{13} \\ a_{21} & a_{22} & a_{23} \\ a_{31} & a_{32} & a_{33} \end{bmatrix}$ 的三阶行列式．即：

$$\begin{vmatrix} a_{11} & a_{12} & a_{13} \\ a_{21} & a_{22} & a_{23} \\ a_{31} & a_{32} & a_{33} \end{vmatrix}=a_{11}a_{22}a_{33}+a_{12}a_{23}a_{31}+a_{13}a_{21}a_{32}-a_{11}a_{23}a_{32}-a_{12}a_{21}a_{33}-a_{13}a_{22}a_{31}.$$

注：三阶行列式计算同样遵循对角线法则．它包含 6 项，前 3 项为主对角线(是正号)，后 3 项为次对角线(是负号)，而且每一项均为取自不同行不同列的三个元素乘积．

例 2　计算三阶行列式 $|A|=\begin{vmatrix} 1 & 0 & -1 \\ 2 & 1 & 0 \\ -2 & 3 & 4 \end{vmatrix}$.

解：
$$|A|=\begin{vmatrix} 1 & 0 & -1 \\ 2 & 1 & 0 \\ -2 & 3 & 4 \end{vmatrix}=1\times1\times4+0\times0\times(-2)+(-1)\times2\times3$$
$$-(-1)\times1\times(-2)-1\times0\times3-0\times2\times4=-4.$$

二、n 阶行列式

根据以上分析，可以引入 n 阶矩阵行列式的概念．

定义 3.3　由 n 阶矩阵 $A=(a_{ij})_{n\times n}$ 构成的行列式，记作：

$$|A|=\begin{vmatrix} a_{11} & a_{12} & \cdots & a_{1n} \\ a_{21} & a_{22} & \cdots & a_{2n} \\ \vdots & \vdots & & \vdots \\ a_{n1} & a_{n2} & \cdots & a_{nn} \end{vmatrix}$$

称为矩阵 A 的 n 阶行列式．

规定：当 $n=1$ 时，$|a_{11}|=a_{11}$.

二阶、三阶行列式已经利用对角线法则计算过了，那更高阶的行列式如何计算呢？遗憾的是，四阶及以上的行列式不满足对角线法则，因此我们另辟路径来计算行列式．为此，我们先分析三阶行列式的特点：

$$\begin{vmatrix} a_{11} & a_{12} & a_{13} \\ a_{21} & a_{22} & a_{23} \\ a_{31} & a_{32} & a_{33} \end{vmatrix}$$
$$=a_{11}a_{22}a_{33}+a_{12}a_{23}a_{31}+a_{13}a_{21}a_{32}-a_{11}a_{23}a_{32}-a_{12}a_{21}a_{33}-a_{13}a_{22}a_{31}$$
$$=a_{11}(a_{22}a_{33}-a_{23}a_{32})+a_{12}(a_{23}a_{31}-a_{21}a_{33})+a_{13}(a_{21}a_{32}-a_{22}a_{31}) \quad (1-2)$$
$$=a_{11}\begin{vmatrix} a_{22} & a_{23} \\ a_{32} & a_{33} \end{vmatrix}-a_{12}\begin{vmatrix} a_{21} & a_{23} \\ a_{31} & a_{33} \end{vmatrix}+a_{13}\begin{vmatrix} a_{21} & a_{22} \\ a_{31} & a_{32} \end{vmatrix}$$
$$=a_{11}\times(-1)^{1+1}\begin{vmatrix} a_{22} & a_{23} \\ a_{32} & a_{33} \end{vmatrix}+a_{12}\times(-1)^{1+2}\begin{vmatrix} a_{21} & a_{23} \\ a_{31} & a_{33} \end{vmatrix}+a_{13}\times(-1)^{1+3}\begin{vmatrix} a_{21} & a_{22} \\ a_{31} & a_{32} \end{vmatrix}$$

为了更好地表达上式中形如：$(-1)^{1+1}\begin{vmatrix} a_{22} & a_{23} \\ a_{32} & a_{33} \end{vmatrix}$的式子，我们来定义余子式和代数余子式的概念．

定义 3.4 由 n 阶行列式 $|A| = |a_{ij}|_{n\times n}$ 中去掉元素 a_{ij} 所在的行和列，余下的元素仍按原位置构成的 $n-1$ 阶行列式，称为元素 a_{ij} 的余子式，记作 M_{ij}，而将 $A_{ij}=(-1)^{i+j}M_{ij}$ 称为元素 a_{ij} 的代数余子式．

注：由式(2)和以上定义可知，三阶行列式也可以计算如下：

$$\begin{vmatrix} a_{11} & a_{12} & a_{13} \\ a_{21} & a_{22} & a_{23} \\ a_{31} & a_{32} & a_{33} \end{vmatrix} = a_{11}A_{11} + a_{12}A_{12} + a_{13}A_{13}.$$

一般地，$\begin{vmatrix} a_{11} & a_{12} & \cdots & a_{1n} \\ a_{21} & a_{22} & \cdots & a_{2n} \\ \vdots & \vdots & & \vdots \\ a_{n1} & a_{n2} & \cdots & a_{nn} \end{vmatrix} = a_{i1}A_{i1} + a_{i2}A_{i2} + \cdots + a_{in}A_{in} (i=1,2,\cdots,n).$

即：行列式等于某行(列)所有元素与其对应的代数余子式乘积之和，该方法称为行列式的降阶法．

例 3 计算行列式$\begin{vmatrix} 3 & 1 & 0 \\ -2 & 2 & 0 \\ 1 & -5 & -1 \end{vmatrix}$中元素 a_{11} 的余子式和代数余子式．

解：元素 $a_{11}=3$ 位于行列式的第一行第一列的位置，

因此 $M_{11} = \begin{vmatrix} 2 & 0 \\ -5 & -1 \end{vmatrix} = -2$

$A_{11} = (-1)^{1+1}M_{11} = -2.$

例 4 求出例 3 中的行列式的值．

解：$\begin{vmatrix} 3 & 1 & 0 \\ -2 & 2 & 0 \\ 1 & -5 & -1 \end{vmatrix} = 3\times A_{11} + 1\times A_{12} + 0\times A_{13}$

$A_{11} = -2,$

$A_{12} = (-1)^{1+2}\begin{vmatrix} -2 & 0 \\ 1 & -1 \end{vmatrix} = -2,$

$\begin{vmatrix} 3 & 1 & 0 \\ -2 & 2 & 0 \\ 1 & -5 & -1 \end{vmatrix} = 3\times(-2) + 1\times(-2) + 0 = -8.$

例 5 写出四阶行列式$\begin{vmatrix} 0 & 1 & 2 & -1 \\ 2 & -1 & 3 & 0 \\ 0 & -2 & 0 & 1 \\ 1 & -3 & 0 & 0 \end{vmatrix}$中元素 a_{12} 的余子式和代数余子式．

解：$M_{12} = \begin{vmatrix} 2 & 3 & 0 \\ 0 & 0 & 1 \\ 1 & 0 & 0 \end{vmatrix}$，$A_{12} = (-1)^{1+2}M_{12} = -\begin{vmatrix} 2 & 3 & 0 \\ 0 & 0 & 1 \\ 1 & 0 & 0 \end{vmatrix}$.

例 6 计算行列式 $|A| = \begin{vmatrix} a_{11} & 0 & 0 & \cdots & 0 \\ a_{21} & a_{22} & 0 & \cdots & 0 \\ a_{31} & a_{32} & a_{33} & \cdots & 0 \\ \vdots & \vdots & \vdots & & \vdots \\ a_{n1} & a_{n2} & a_{n3} & \cdots & a_{nn} \end{vmatrix}$

解：$|A| = a_{11}A_{11} + 0 \cdot A_{12} + \cdots + 0 \cdot A_{1n} = a_{11}A_{11}$

$$\because A_{11} = (-1)^{1+1}\begin{vmatrix} a_{22} & 0 & \cdots & 0 \\ a_{32} & a_{33} & \cdots & 0 \\ \vdots & \vdots & & \vdots \\ a_{n1} & a_{n2} & \cdots & a_{nn} \end{vmatrix} = a_{22}\begin{vmatrix} a_{33} & 0 & \cdots & 0 \\ a_{43} & a_{44} & \cdots & 0 \\ \vdots & \vdots & & \vdots \\ a_{n3} & a_{n4} & \cdots & a_{nn} \end{vmatrix}$$

依次类推，得 $|A| = a_{11}a_{22}a_{33}\cdots a_{nn}$.

该行列式称为下三角行列式，根据上式，有结论：下三角行列式的值等于其主对角线上元素的乘积.

三、行列式的性质

利用降阶法计算较高阶行列式时，仍然相当复杂，下面我们不加证明地给出 n 阶行列式的基本性质，以此简化行列式的计算.

把行列式 D 的行与列互换后得到的行列式，称为 D 的转置行列式，记作 D^T.

即：若 $D = \begin{vmatrix} a_{11} & a_{12} & \cdots & a_{1n} \\ a_{21} & a_{22} & \cdots & a_{2n} \\ \vdots & \vdots & & \vdots \\ a_{n1} & a_{n2} & \cdots & a_{nn} \end{vmatrix}$，则 $D^T = \begin{vmatrix} a_{11} & a_{21} & \cdots & a_{n1} \\ a_{12} & a_{22} & \cdots & a_{n2} \\ \vdots & \vdots & & \vdots \\ a_{1n} & a_{2n} & \cdots & a_{nn} \end{vmatrix}$.

性质 1 行列式的转置不改变行列式的值，即 $D^T = D$.

比如：$D = \begin{vmatrix} 1 & 0 & 2 \\ 2 & 1 & 0 \\ 1 & -1 & 3 \end{vmatrix} = -3$，而 $D^T = \begin{vmatrix} 1 & 2 & 1 \\ 0 & 1 & -1 \\ 2 & 0 & 3 \end{vmatrix} = -3$.

由例 6 知，下三角行列式：$D = \begin{vmatrix} a_{11} & 0 & 0 & \cdots & 0 \\ a_{21} & a_{22} & 0 & \cdots & 0 \\ a_{31} & a_{32} & a_{33} & \cdots & 0 \\ \vdots & \vdots & \vdots & & \vdots \\ a_{n1} & a_{n2} & a_{n3} & \cdots & a_{nn} \end{vmatrix} = a_{11}a_{22}\cdots a_{nn}$，

则由性质 1 可得，$D^T = \begin{vmatrix} a_{11} & a_{21} & a_{31} & \cdots & a_{n1} \\ 0 & a_{22} & a_{32} & \cdots & a_{n2} \\ 0 & 0 & a_{33} & \cdots & a_{n3} \\ \vdots & \vdots & \vdots & & \vdots \\ 0 & 0 & 0 & \cdots & a_{nn} \end{vmatrix} = a_{11}a_{22}\cdots a_{nn}$.

所以，n 阶上（下）三角行列式的值都等于其主对角线上元素的乘积.

性质 2 互换行列式的两行（列），行列式变号.

推论 若行列式有两行(列)完全相同,则此行列式等于零.

性质3 行列式的某一行(列)中所有元素都乘以同一个数 k,等于用数 k 乘以此行列式

即:$\begin{vmatrix} a_{11} & a_{12} & \cdots & a_{1n} \\ \cdots & \cdots & \cdots & \cdots \\ ka_{i1} & ka_{i2} & \cdots & ka_{in} \\ \cdots & \cdots & \cdots & \cdots \\ a_{n1} & a_{n2} & \cdots & a_{nn} \end{vmatrix} = k\begin{vmatrix} a_{11} & a_{12} & \cdots & a_{1n} \\ \cdots & \cdots & \cdots & \cdots \\ a_{i1} & a_{i2} & \cdots & a_{in} \\ \cdots & \cdots & \cdots & \cdots \\ a_{n1} & a_{n2} & \cdots & a_{nn} \end{vmatrix}$.

推论1 行列式中某一行(列)元素的公因子可以提到行列式外面.

推论2 行列式中如果有两行(列)元素对应成比例,则此行列式等于零.

比如:$D = \begin{vmatrix} 1 & -1 & 2 \\ -3 & 3 & -6 \\ 0 & 1 & -1 \end{vmatrix} = -3\begin{vmatrix} 1 & -1 & 2 \\ 1 & -1 & 2 \\ 0 & 1 & -1 \end{vmatrix} = -3 \times 0 = 0.$

推论3 若行列式中有一行(列)的元素全为0,则此行列式等于零.

性质4 若行列式的某一行(列)的元素都是两数之和,如第 i 行的元素:

$$D = \begin{vmatrix} a_{11} & a_{12} & \cdots & a_{1n} \\ \cdots & \cdots & \cdots & \cdots \\ a_{i1}+b_{i1} & a_{i2}+b_{i2} & \cdots & a_{in}+b_{in} \\ \cdots & \cdots & \cdots & \cdots \\ a_{n1} & a_{n2} & \cdots & a_{nn} \end{vmatrix}$$

则 D 等于下列两个行列式之和:

$$D = \begin{vmatrix} a_{11} & a_{12} & \cdots & a_{1n} \\ \cdots & \cdots & \cdots & \cdots \\ a_{i1} & a_{i2} & \cdots & a_{in} \\ \cdots & \cdots & \cdots & \cdots \\ a_{n1} & a_{n2} & \cdots & a_{nn} \end{vmatrix} + \begin{vmatrix} a_{11} & a_{12} & \cdots & a_{1n} \\ \cdots & \cdots & \cdots & \cdots \\ b_{i1} & b_{i2} & \cdots & b_{in} \\ \cdots & \cdots & \cdots & \cdots \\ a_{n1} & a_{n2} & \cdots & a_{nn} \end{vmatrix}.$$

例7 计算行列式$\begin{vmatrix} 201 & 198 & 301 \\ 2 & 2 & 3 \\ 1 & -2 & 1 \end{vmatrix}$.

解:$\begin{vmatrix} 201 & 198 & 301 \\ 2 & 2 & 3 \\ 1 & -2 & 1 \end{vmatrix} = \begin{vmatrix} 200+1 & 200-2 & 300+1 \\ 2 & 2 & 3 \\ 1 & -2 & 1 \end{vmatrix}$

$$= \begin{vmatrix} 200 & 200 & 300 \\ 2 & 2 & 3 \\ 1 & -2 & 1 \end{vmatrix} + \begin{vmatrix} 1 & -2 & 1 \\ 2 & 2 & 3 \\ 1 & -2 & 1 \end{vmatrix} = 0 + 0 = 0.$$

性质5 将行列式的某一行(列)的各元素乘以同一数然后加到另一行(列)对应的元素上去,行列式值不变.

$$\text{即}:D=\begin{vmatrix} a_{11} & a_{12} & \cdots & a_{1n} \\ \vdots & \vdots & & \vdots \\ a_{i1} & a_{i2} & \cdots & a_{in} \\ \vdots & \vdots & & \vdots \\ a_{j1} & a_{j2} & \cdots & a_{jn} \\ \vdots & \vdots & & \vdots \\ a_{n1} & a_{n2} & \cdots & a_{nn} \end{vmatrix}\begin{matrix} \\ \\ (\text{第 } i \text{ 行}) \\ \\ (\text{第 } j \text{ 行}) \\ \\ \\ \end{matrix}=\begin{vmatrix} a_{11} & a_{12} & \cdots & a_{1n} \\ \vdots & \vdots & & \vdots \\ a_{i1} & a_{i2} & \cdots & a_{in} \\ \vdots & \vdots & & \vdots \\ a_{j1}+ka_{i1} & a_{j2}+ka_{i2} & \cdots & a_{jn}+ka_{in} \\ \vdots & \vdots & & \vdots \\ a_{n1} & a_{n2} & \cdots & a_{nn} \end{vmatrix}.$$

四、行列式的计算

根据行列式的性质,下面主要介绍两种方法计算行列式的值.

1. 化三角形法

由前面结论知,n 阶上(下)三角行列式的值都是其主对角线上元素的乘积. 利用行列式的性质,把任一行列式化为上(下)三角行列式,则可求其值.

例 8　计算行列式 $\begin{vmatrix} 1 & -3 & 0 & -6 \\ 2 & 1 & -5 & 1 \\ 0 & 2 & -1 & 2 \\ 1 & 4 & -7 & 6 \end{vmatrix}$.

解: $\begin{vmatrix} 1 & -3 & 0 & -6 \\ 2 & 1 & -5 & 1 \\ 0 & 2 & -1 & 2 \\ 1 & 4 & -7 & 6 \end{vmatrix} \xrightarrow{②+(-2)①;④+(-1)①} \begin{vmatrix} 1 & -3 & 0 & -6 \\ 0 & 7 & -5 & 13 \\ 0 & 2 & -1 & 2 \\ 0 & 7 & -7 & 12 \end{vmatrix} \xrightarrow{④+(-1)②}$

$\begin{vmatrix} 1 & -3 & 0 & -6 \\ 0 & 7 & -5 & 13 \\ 0 & 2 & -1 & 2 \\ 0 & 0 & -2 & -1 \end{vmatrix} \xrightarrow{②+(-3)③} \begin{vmatrix} 1 & -3 & 0 & -6 \\ 0 & 1 & -2 & 7 \\ 0 & 2 & -1 & 2 \\ 0 & 0 & -2 & -1 \end{vmatrix} \xrightarrow{③+(-2)②}$

$\begin{vmatrix} 1 & -3 & 0 & -6 \\ 0 & 1 & -2 & 7 \\ 0 & 0 & 3 & -12 \\ 0 & 0 & -2 & -1 \end{vmatrix} = 3\times\begin{vmatrix} 1 & -3 & 0 & -6 \\ 0 & 1 & -2 & 7 \\ 0 & 0 & 1 & -4 \\ 0 & 0 & -2 & -1 \end{vmatrix} \xrightarrow{④+2③} 3\times$

$\begin{vmatrix} 1 & -3 & 0 & -6 \\ 0 & 1 & -2 & 7 \\ 0 & 0 & 1 & -4 \\ 0 & 0 & 0 & -9 \end{vmatrix} = 3\times1\times1\times1\times(-9) = -27.$

注:化三角形法的一般步骤:

① a_{11} 化为 ±1(可以交换两行(列)、倍乘等实现);

②把 a_{11} 以下的元素都化为 0(即把第一行分别乘以 $-a_{21}, -a_{31}, \cdots, -a_{n1}$ 加到第二,三,$\cdots$,n 行对应元素上);

③从第二行开始再依次重复以上①②步,把主对角线 $a_{22}, a_{33}, \cdots, a_{n-1,n-1}$ 以下的元素全化为 0;

④行列式等于主对角线上元素乘积.

2. 降阶法

前面我们已经使用过降价法计算了三阶行列式,根据经验,可以选择 0 元素最多的行(列),按此行(列)展开,使行列式降阶,或者也可以利用行列式的性质,先将某行(列)的元素化为尽量多的0,然后再按该行(列)展开,进行计算.

例 9 计算行列式 $\begin{vmatrix} 1 & -2 & -1 & -3 \\ -1 & -3 & -1 & -6 \\ -1 & 0 & 0 & -1 \\ -3 & 1 & -2 & 9 \end{vmatrix}$.

解:

$$\begin{vmatrix} 1 & -2 & -1 & -3 \\ -1 & -3 & -1 & -6 \\ -1 & 0 & 0 & -1 \\ -3 & 1 & -2 & 9 \end{vmatrix} = \begin{vmatrix} 1 & -1 & -1 & -3 \\ -2 & -3 & 0 & 1 \\ -1 & -1 & 0 & -2 \\ -3 & -6 & -1 & 9 \end{vmatrix} \xrightarrow{④+(-1)①} \begin{vmatrix} 1 & -1 & \boxed{-1} & -3 \\ -2 & -3 & 0 & 1 \\ -1 & -1 & 0 & -2 \\ -4 & -5 & 0 & 12 \end{vmatrix}$$

$$= a_{13}A_{13} = -1\times(-1)^{1+3}\begin{vmatrix} -2 & -3 & 1 \\ -1 & -1 & -2 \\ -4 & -5 & 12 \end{vmatrix} = -1\times\begin{vmatrix} -2 & -3 & 1 \\ -1 & -1 & -2 \\ -4 & -5 & 12 \end{vmatrix} \xrightarrow{(①,②)}$$

$$\begin{vmatrix} -1 & -1 & -2 \\ -2 & -3 & 1 \\ -4 & -5 & 12 \end{vmatrix} \xrightarrow{②+(-2)①;③+(-4)①} \begin{vmatrix} -1 & -1 & -2 \\ 0 & -1 & 5 \\ 0 & -1 & 20 \end{vmatrix} = a_{11}A_{11} = -1\times(-1)^{1+1}$$

$$\begin{vmatrix} -1 & 5 \\ -1 & 20 \end{vmatrix} = -1\times(-20+5) = 15.$$

五、方阵行列式的性质

1. 性质

n 阶方阵 A 的行列式 $|A|$ 有哪些性质呢,下面我们不加证明地给出性质:

① $|A^T| = |A|$;

② $|kA| = k^n|A|$(k 为实数);

③ $|AB| = |A|\cdot|B|$(B 也为 n 阶方阵);

④ $|AB| = |BA|$.

2. 应用

设 n 个方程的 n 元线性方程组的一般式为

$$\begin{cases} a_{11}x_1 + a_{12}x_2 + \cdots + a_{1n}x_n = b_1 \\ a_{21}x_1 + a_{22}x_2 + \cdots + a_{2n}x_n = b_2 \\ \qquad\vdots \\ a_{n1}x_1 + a_{n2}x_2 + \cdots + a_{nn}x_n = b_n \end{cases} \tag{1-3}$$

由系数 a_{ij} 组成的 n 阶行列式

$$|A| = \begin{vmatrix} a_{11} & a_{12} & \cdots & a_{1n} \\ a_{21} & a_{22} & \cdots & a_{2n} \\ \vdots & \vdots & & \vdots \\ a_{n1} & a_{n2} & \cdots & a_{nn} \end{vmatrix}$$

称为线性方程组(3)的系数行列式.

将例1中的二元一次线性方程组解的结果推广到 n 元线性方程组(3),可得到利用矩阵行列式求线性方程组(3)的方法.

定理(克莱姆法则) 如果线性方程组(3)的系数行列式 $|A|\neq 0$,则线性方程组(3)有唯一解

$$x_j=\frac{|A_j|}{|A|}(j=1,2,\cdots,n) \tag{1-4}$$

其中 $|A_j|$ 是用常数项 $b_1,b_2,\cdots,b_n$ 替换系数行列式 $|A|$ 中第 j 列元素形成的行列式.

例10 利用克莱姆法则解线性方程组

$$\begin{cases}x_1-2x_2+x_3=1\\2x_1+x_2-x_3=1\\x_1-3x_2-4x_3=-10\end{cases}$$

解: $|A|=\begin{vmatrix}1&-2&1\\2&1&-1\\1&-3&-4\end{vmatrix}=-28\neq 0$

$$|A_1|=\begin{vmatrix}1&-2&1\\1&1&-1\\-10&-3&-4\end{vmatrix}=-28,\quad |A_2|=\begin{vmatrix}1&1&1\\2&1&-1\\1&-10&-4\end{vmatrix}=-28$$

$$|A_3|=\begin{vmatrix}1&-2&1\\2&1&1\\1&-3&-10\end{vmatrix}=-56$$

根据克莱姆法则,方程组的解是:

$$x_1=\frac{|A_1|}{|A|}=1,x_2=\frac{|A_2|}{|A|}=1,x_3=\frac{|A_3|}{|A|}=2.$$

习题 1-3

1. 计算行列式:

(1) $\begin{vmatrix}-1&-2\\2&3\end{vmatrix}$ (2) $\begin{vmatrix}1&0\\3&0\end{vmatrix}$ (3) $\begin{vmatrix}1&0&1\\1&2&1\\-3&5&-3\end{vmatrix}$

(4) $\begin{vmatrix}1&0&-1\\2&2&-1\\-6&-6&3\end{vmatrix}$ (5) $\begin{vmatrix}1&0&1\\0&-1&2\\2&-3&3\end{vmatrix}$ (6) $\begin{vmatrix}0&1&1\\0&-1&4\\2&-2&7\end{vmatrix}$

2. 计算行列式:

(1) $\begin{vmatrix}1&2&3&4\\0&2&-1&3\\0&0&-4&5\\0&0&0&5\end{vmatrix}$ (2) $\begin{vmatrix}2&0&0&0&0\\1&1&0&0&0\\3&-1&-2&0&0\\4&3&4&1&0\\5&1&-2&4&3\end{vmatrix}$

3. 用克莱姆法则求二元一次方程组$\begin{cases}3x_1+4x_2=9\\2x_1-3x_2=2\end{cases}$的解.

4. 计算行列式$\begin{vmatrix}1&3&2\\2&4&-3\\-2&5&1\end{vmatrix}$中元素$a_{21}$的余子式和代数余子式.

5. 用行列式的性质计算:

(1)$\begin{vmatrix}2&3&1\\203&298&105\\3&-2&5\end{vmatrix}$　　(2)$\begin{vmatrix}100&103&204\\200&199&395\\300&301&600\end{vmatrix}$

6. 计算行列式:

(1)$\begin{vmatrix}1&-1&0&2\\0&-1&-1&2\\-1&2&-1&0\\2&1&1&0\end{vmatrix}$　　(2)$\begin{vmatrix}-4&3&5&2\\2&5&3&7\\-3&-2&6&4\\1&4&-2&-3\end{vmatrix}$

(3)$\begin{vmatrix}0&-5&-2&-1\\-2&4&2&0\\-1&3&4&5\\1&-2&3&-3\end{vmatrix}$　　(4)$\begin{vmatrix}2&0&4&5&-1\\1&-5&0&2&0\\4&7&2&0&3\\0&-3&1&-1&-5\\3&2&-3&0&1\end{vmatrix}$

7. 已知三阶方阵A的行列式值为$\frac{1}{2}$,求$|A^T|$,$|2A|$.

第四节　逆矩阵

在实数的乘法运算中,若$a\in R$,且$a\neq0$,则a的倒数存在,记为$\frac{1}{a}$. 那么在除法运算时,$b\div a=b\times\frac{1}{a}$,但当$a=0$时,$a$的倒数不存在,除法也就不成立了.$a$的倒数$\frac{1}{a}=a^{-1}$也称为$a$的逆,显然$a\times a^{-1}=a^{-1}\times a=1$.

类似地,对于矩阵A来说,是否存在矩阵的逆?这就是我们这一节要讨论的问题.

一、逆矩阵的概念与性质

定义 4.1　对于一个n阶矩阵A,如果存在一个n阶矩阵B,使得$AB=BA=E$成立,则称矩阵A是可逆的,并把矩阵B称为矩阵A的逆矩阵,记作:A^{-1},即:$B=A^{-1}$.

例如,矩阵$A=\begin{bmatrix}1&-1\\2&-1\end{bmatrix}$和矩阵$B=\begin{bmatrix}-1&1\\-2&1\end{bmatrix}$,满足$AB=BA=E$,因此矩阵$B$称为矩阵$A$的逆矩阵.

注:①若B是A的逆矩阵,则A也是B的逆矩阵,即A与B互为逆矩阵.

②根据定义,显然单位阵E是可逆矩阵,零矩阵是不可逆矩阵.

可逆矩阵具有以下一些性质:

性质 1 若矩阵 A 可逆,则 A 的逆矩阵是唯一的;

性质 2 若矩阵 A 可逆,则 A^{-1} 也可逆,且 $(A^{-1})^{-1}=A$;

性质 3 若矩阵 A 可逆,实数 $k\neq 0$,则 kA 也可逆,且 $(kA)^{-1}=\frac{1}{k}A^{-1}$;

性质 4 若矩阵 A,B 都可逆,则 AB 也可逆,且 $(AB)^{-1}=B^{-1}A^{-1}$;

性质 5 若矩阵 A 可逆,则 A^T 也可逆,且 $(A^T)^{-1}=(A^{-1})^T$;

性质 6 若矩阵 A 可逆,则 $|A^{-1}|=|A|^{-1}$.

二、可逆矩阵的判别

如何判别一个 n 阶矩阵是否可逆呢?

定义 4.2 若 n 阶矩阵 A 的行列式 $|A|\neq 0$,则称矩阵 A 为非奇异阵;否则,称 A 为奇异阵.

定义 4.3 n 阶矩阵 $A=(a_{ij})_{n\times n}$,其中 A_{ij} 是行列式 $|A|$ 中的元素 a_{ij} 的代数余子式,则矩阵

$$A^*=\begin{bmatrix} A_{11} & A_{21} & \cdots & A_{n1} \\ A_{12} & A_{22} & \cdots & A_{n2} \\ \vdots & \vdots & & \vdots \\ A_{1n} & A_{2n} & \cdots & A_{nn} \end{bmatrix}$$

称为矩阵 A 的伴随矩阵.

例 1 求矩阵 $A=\begin{bmatrix} 1 & -1 & 2 \\ 0 & 1 & -3 \\ 2 & 0 & 2 \end{bmatrix}$ 的伴随矩阵.

解:$A_{11}=(-1)^{1+1}\begin{vmatrix} 1 & -3 \\ 0 & 2 \end{vmatrix}=2$,$A_{12}=(-1)^{1+2}\begin{vmatrix} 0 & -3 \\ 2 & 2 \end{vmatrix}=-6$,$A_{13}=(-1)^{1+3}\begin{vmatrix} 0 & 1 \\ 2 & 0 \end{vmatrix}=-2$,

同理:$A_{21}=2$,$A_{22}=-2$,$A_{23}=-2$,$A_{31}=1$,$A_{32}=3$,$A_{33}=1$

所以,伴随矩阵 $A^*=\begin{bmatrix} 2 & 2 & 1 \\ -6 & -2 & 3 \\ -2 & -2 & 1 \end{bmatrix}$.

定理 1 n 阶矩阵 $A=(a_{ij})_{n\times n}$ 是可逆矩阵的充分必要条件是 A 为非奇异阵,并且当 A 可逆时,有

$$A^{-1}=\frac{1}{|A|}A^*.$$

注:该定理提供了一种求逆矩阵的方法,称为伴随矩阵法.

例 2 求例 1 中矩阵 A 的逆矩阵.

解:$\because |A|=\begin{vmatrix} 1 & -1 & 2 \\ 0 & 1 & -3 \\ 2 & 0 & 2 \end{vmatrix}=4\neq 0$

$\therefore$ 矩阵 A 是可逆的,

再由例 1 的伴随矩阵,可得:$A^{-1}=\frac{1}{|A|}A^*=\frac{1}{4}\begin{bmatrix} 2 & 2 & 1 \\ -6 & -2 & 3 \\ -2 & -2 & 1 \end{bmatrix}$.

三、用初等行变换法求逆矩阵

在第二节的最后我们已经介绍了矩阵的初等变换，下面我们给出用初等行变换来求逆矩阵的方法．

定理 2　设 A 为可逆矩阵，则对 A 施以有限次初等行变换，一定能将其化为 n 阶单位矩阵 E，且 E 通过同样的初等行变换化成 A^{-1}.

通过以上定理知，初等行变换法求逆矩阵的步骤：

$$(A \vdots E) \rightarrow \overset{\text{初等行变换}}{\cdots} \rightarrow (E \vdots A^{-1}).$$

例 3　用初等行变换法求矩阵 $A=\begin{bmatrix}1 & -1 & 1\\ 1 & 1 & -2\\ -1 & 0 & 1\end{bmatrix}$ 的逆矩阵．

解：$(A \vdots E)=\left[\begin{array}{ccc:ccc}1 & -1 & 1 & 1 & 0 & 0\\ 1 & 1 & -2 & 0 & 1 & 0\\ -1 & 0 & 1 & 0 & 0 & 1\end{array}\right]\xrightarrow{②+(-1)①;③+①}\left[\begin{array}{ccc:ccc}1 & -1 & 1 & 1 & 0 & 0\\ 0 & 2 & -3 & -1 & 1 & 0\\ 0 & -1 & 2 & 1 & 0 & 1\end{array}\right]$

$\xrightarrow{(②,③)}\left[\begin{array}{ccc:ccc}1 & -1 & 1 & 1 & 0 & 0\\ 0 & -1 & 2 & 1 & 0 & 1\\ 0 & 2 & -3 & -1 & 1 & 0\end{array}\right]\xrightarrow{③+2②}\left[\begin{array}{ccc:ccc}1 & -1 & 1 & 1 & 0 & 0\\ 0 & -1 & 2 & 1 & 0 & 1\\ 0 & 0 & 1 & 1 & 1 & 2\end{array}\right]\xrightarrow{(-1)②}$

$\left[\begin{array}{ccc:ccc}1 & -1 & 1 & 1 & 0 & 0\\ 0 & 1 & -2 & -1 & 0 & -1\\ 0 & 0 & 1 & 1 & 1 & 2\end{array}\right]\xrightarrow{②+2③;①+(-1)③}\left[\begin{array}{ccc:ccc}1 & -1 & 0 & 0 & -1 & -2\\ 0 & 1 & 0 & 1 & 2 & 3\\ 0 & 0 & 1 & 1 & 1 & 2\end{array}\right]$

$\xrightarrow{①+②}\left[\begin{array}{ccc:ccc}1 & 0 & 0 & 1 & 1 & 1\\ 0 & 1 & 0 & 1 & 2 & 3\\ 0 & 0 & 1 & 1 & 1 & 2\end{array}\right]=(E \vdots A^{-1})$

$\therefore A^{-1}=\begin{bmatrix}1 & 1 & 1\\ 1 & 2 & 3\\ 1 & 1 & 2\end{bmatrix}$.

注：①可以利用定义 $AA^{-1}=A^{-1}A=E$ 来检验此题答案是否正确．

②用初等变换求逆矩阵，仅限于对矩阵的行施以初等变换，不得出现初等列变换．当然，初等列变换也可以求逆矩阵，此处不再介绍，读者可以自行查阅其他文献资料学习．

例 4　用初等行变换法求 $A=\begin{bmatrix}1 & -2\\ 3 & -6\end{bmatrix}$ 的逆矩阵．

解：$(A \vdots E)=\left[\begin{array}{cc:cc}1 & -2 & 1 & 0\\ 3 & -6 & 0 & 1\end{array}\right]\xrightarrow{②+(-3)①}\left[\begin{array}{cc:cc}1 & -2 & 1 & 0\\ 0 & 0 & -3 & 1\end{array}\right]$

因为 $(A \vdots E)$ 的左半边经过初等行变换后出现了零行，无法再变换成单位阵，

因此　$A=\begin{bmatrix}1 & -2\\ 3 & -6\end{bmatrix}$ 不可逆．

注：该题 $|A|=\begin{vmatrix}1 & -2\\ 3 & -6\end{vmatrix}=0$，也可以直接判断矩阵 $A=\begin{bmatrix}1 & -2\\ 3 & -6\end{bmatrix}$ 不可逆．

例 5 已知矩阵 $A=\begin{bmatrix}1&1&0\\2&1&-1\\3&4&2\end{bmatrix}$，$B=\begin{bmatrix}1&0\\0&2\\-1&0\end{bmatrix}$，求解矩阵方程 $AX=B$.

解：若 A 可逆，则矩阵方程 $AX=B$ 两边左乘 A^{-1}，得：$X=A^{-1}B$.

$$(A\vdots E)=\left[\begin{array}{ccc:ccc}1&1&0&1&0&0\\2&1&-1&0&1&0\\3&4&2&0&0&1\end{array}\right]\rightarrow\cdots\rightarrow\left[\begin{array}{ccc:ccc}1&0&0&-6&2&1\\0&1&0&7&-2&-1\\0&0&1&-5&1&1\end{array}\right]$$

$$\therefore A^{-1}=\begin{bmatrix}-6&2&1\\7&-2&-1\\-5&1&1\end{bmatrix}$$

因此，$X=A^{-1}B=\begin{bmatrix}-6&2&1\\7&-2&-1\\-5&1&1\end{bmatrix}\begin{bmatrix}1&0\\0&2\\-1&0\end{bmatrix}=\begin{bmatrix}-7&4\\8&-4\\-6&2\end{bmatrix}$.

习题 1－4

1. 当____________时，矩阵 $A=\begin{pmatrix}1&2\\a&-1\end{pmatrix}$ 可逆.

2. 已知矩阵 A 可逆，且矩阵方程 $XA=B$，则矩阵 $X=$________.

3. 设三阶矩阵 A 的行列式为 $|A|=2$，则 $|A^{-1}|=$________，$|2A^{-1}|=$________.

4. 求下列矩阵的伴随矩阵：

(1) $\begin{bmatrix}2&-4\\3&-1\end{bmatrix}$　　(2) $\begin{bmatrix}4&1\\0&-5\end{bmatrix}$

(3) $\begin{bmatrix}1&0&1\\2&1&0\\0&-1&-3\end{bmatrix}$　　(4) $\begin{bmatrix}1&1&2\\-1&2&0\\2&-1&3\end{bmatrix}$

5. 判别下列方阵是否可逆？若可逆，求逆矩阵：

(1) $\begin{bmatrix}1&2&1\\2&1&0\\3&3&-1\end{bmatrix}$　　(2) $\begin{bmatrix}1&0&4\\0&1&0\\0&0&1\end{bmatrix}$

(3) $\begin{bmatrix}3&-4&5\\2&-3&1\\3&-5&-1\end{bmatrix}$　　(4) $\begin{bmatrix}2&2&3\\1&-1&0\\-1&2&1\end{bmatrix}$

6. 解矩阵方程：

(1) $X\begin{pmatrix}1&-2\\3&-5\end{pmatrix}=\begin{pmatrix}1&0\\2&-1\end{pmatrix}$　　(2) $\begin{bmatrix}1&1&-1\\0&2&2\\1&-1&0\end{bmatrix}X=\begin{bmatrix}0&3\\1&-1\\-2&0\end{bmatrix}$

(3) $X+\begin{bmatrix}1&1\\1&-2\end{bmatrix}X=\begin{bmatrix}2&-1\\1&0\end{bmatrix}$　　(4) $X\begin{bmatrix}-1&1&0\\1&-2&1\\0&1&0\end{bmatrix}=\begin{bmatrix}1&-1&1\\2&0&-3\end{bmatrix}$

$$(5)\ X-\begin{bmatrix}0&0&-1\\1&0&-1\\-2&1&0\end{bmatrix}X=\begin{bmatrix}1\\2\\-3\end{bmatrix}\qquad(6)\ \begin{bmatrix}1&-4\\1&-3\end{bmatrix}X\begin{bmatrix}1&-1\\0&-1\end{bmatrix}=\begin{bmatrix}1&-2\\1&0\end{bmatrix}$$

7. 利用逆矩阵求解下列线性方程组：

$$\begin{cases}2x_1+2x_2+3x_3=-1\\x_1-x_2=3\\-x_1+2x_2+x_3=2\end{cases}$$

第五节　矩阵的秩

矩阵的秩在讨论逆矩阵和线性方程组的解的情况中有重要的作用，它反映了矩阵这张“表”中的数据之间的关联程度．

一、矩阵秩的概念

定义 5.1　在 $m\times n$ 矩阵 A 中，任意选取 k 行、k 列（$k\leqslant\min\{m,n\}$），位于这些行和列交叉处的 k^2 个元素，按照原来的次序构成的一个 k 阶行列式，称为矩阵 A 的一个 k 阶子式．

例如：矩阵 $A=\begin{bmatrix}1&-1&0&1\\0&1&2&0\\1&2&-3&1\end{bmatrix}$，

取 A 的第一、二行，第一、三列，位于这些行列交叉处的元素按原来次序构成行列式：

$$\begin{vmatrix}1&0\\0&2\end{vmatrix}=2\neq0$$

就是矩阵 A 的一个二阶子式．

注：①矩阵 A 的 k 阶子式是一个行列式；

②当 $A=0$ 时，它的任意阶子式都是 0；当 $A\neq0$ 时，它至少有一个元素不为 0，则它至少有一个一阶子式不为 0，如果 A 中有二阶子式不为 0，则再往下看三阶，依次类推．

例如：矩阵 $A=\begin{bmatrix}2&-3&8&2\\2&12&-2&12\\1&3&1&4\end{bmatrix}$

A 中找出一个二阶子式 $\begin{vmatrix}2&12\\1&3\end{vmatrix}=-6\neq0$，

而它的所有三阶子式 $\begin{vmatrix}2&-3&8\\2&12&-2\\1&3&1\end{vmatrix}=0$，$\begin{vmatrix}2&-3&2\\2&12&12\\1&3&4\end{vmatrix}=0$，

$\begin{vmatrix}2&8&2\\2&-2&12\\1&1&4\end{vmatrix}=0$，$\begin{vmatrix}-3&8&2\\12&-2&12\\3&1&4\end{vmatrix}=0$.

即：A 不为 0 的子式最高阶数为 2.

定义 5.2　设 A 为 $m\times n$ 矩阵，如果 A 中不为 0 的子式最高阶数为 r，则称 r 为矩阵 A 的秩，记作 $r(A)$.

规定:当 $A=0$ 时,$r(A)=0$.

注:定义的等价说法是:若矩阵 A 存在 r 阶非零子式,且 A 的所有 $r+1$ 阶子式都等于 0,则 $r(A)=r$.

例 1 求矩阵 $A=\begin{bmatrix}1&2&3&-4\\0&2&1&5\\0&0&0&4\\0&0&0&0\end{bmatrix}$的秩.

解:$\because$ A 的一个二阶子式 $\begin{vmatrix}1&2\\0&2\end{vmatrix}=2\neq0$,

A 的一个三阶子式 $\begin{vmatrix}1&3&-4\\0&1&5\\0&0&4\end{vmatrix}=4\neq0$,

A 的所有四阶子式 $\begin{vmatrix}1&2&3&-4\\0&2&1&5\\0&0&0&4\\0&0&0&0\end{vmatrix}=0$,

$\therefore r(A)=3$.

矩阵 $A_{m\times n}$ 的秩有下列性质:

① $r(A)=r(A^T)$;

② $0\leqslant r(A)\leqslant\min\{m,n\}$.

二、矩阵秩的求法

一般来说,用定义求矩阵 A 的秩,需要检查很多个子式,很不方便,但可以用矩阵的初等变换来求矩阵的秩.

定理 1 矩阵的初等行变换不改变矩阵的秩.

定义 5.3 已知非零矩阵 $A_{m\times n}$ 满足以下条件:

(1)若有 0 行(元素全为 0 的行),0 行一定在矩阵的最下端;

(2)各非 0 行的第一个非 0 元素所在列中,该非 0 元素下方的所有元素均为 0,

则称矩阵 A 为阶梯形矩阵.

例如:$A=\begin{bmatrix}1&2&3&-4\\0&2&1&5\\0&0&1&4\\0&0&0&0\end{bmatrix}$,$B=\begin{bmatrix}1&2&1&3\\0&0&1&4\\0&0&0&1\end{bmatrix}$,$C=\begin{bmatrix}1&2&3&4&5\\0&2&3&5&6\\0&0&0&0&-1\\0&0&0&0&0\end{bmatrix}$都是阶梯形矩阵.

定理 2 矩阵 $A_{m\times n}$ 的秩 $r(A)=r$ 的充分必要条件是通过若干次初等行变换一定能将 A 化成具有 r 个非 0 行的阶梯形矩阵.

例 2 求矩阵 $A=\begin{bmatrix}1&0&-1&2\\2&2&3&1\\4&2&1&5\end{bmatrix}$的秩.

解:$A=\begin{bmatrix}1&0&-1&2\\2&2&3&1\\4&2&1&5\end{bmatrix}\xrightarrow{②+(-2)①;③+(-4)①}\begin{bmatrix}1&0&-1&2\\0&2&5&-3\\0&2&5&-3\end{bmatrix}\xrightarrow{③+(-1)②}\begin{bmatrix}1&0&-1&2\\0&2&5&-3\\0&0&0&0\end{bmatrix}$

所以 $r(A)=2$.

例 3 求矩阵 $A=\begin{bmatrix}1 & 3 & -1 & -1\\ 3 & -1 & 5 & -3\\ 2 & 1 & 2 & -2\\ -1 & 2 & -3 & 1\end{bmatrix}$ 的秩.

解: $A=\begin{bmatrix}1 & 3 & -1 & -1\\ 3 & -1 & 5 & -3\\ 2 & 1 & 2 & -2\\ -1 & 2 & -3 & 1\end{bmatrix}\xrightarrow{②+(-3)①;③+(-2)①;④+①}\begin{bmatrix}1 & 3 & -1 & -1\\ 0 & -10 & 8 & 0\\ 0 & -5 & 4 & 0\\ 0 & 5 & -4 & 0\end{bmatrix}\longrightarrow$

$$\begin{bmatrix}1 & 3 & -1 & -1\\ 0 & 5 & -4 & 0\\ 0 & 5 & -4 & 0\\ 0 & 5 & -4 & 0\end{bmatrix}\longrightarrow\begin{bmatrix}1 & 3 & -1 & -1\\ 0 & 5 & -4 & 0\\ 0 & 0 & 0 & 0\\ 0 & 0 & 0 & 0\end{bmatrix}$$

所以 $r(A)=2$.

习题 1－5

1. 判断下列矩阵是否为阶梯形矩阵：

(1) $\begin{bmatrix}1 & 3\\ 0 & 1\end{bmatrix}$　(2) $\begin{bmatrix}2 & -1 & 0\\ 0 & 2 & 1\\ 0 & 1 & 0\end{bmatrix}$　(3) $\begin{bmatrix}2 & 0 & 2 & 1 & 5\\ 0 & 1 & 0 & 1 & -1\\ 0 & 0 & 0 & 2 & -3\\ 0 & 0 & 0 & 0 & 0\end{bmatrix}$

2. 将下列矩阵化成阶梯形矩阵：

(1) $\begin{bmatrix}1 & 1 & 1 & -1\\ -1 & -1 & 2 & 3\\ 2 & 2 & 5 & 0\end{bmatrix}$　(2) $\begin{bmatrix}7 & -4 & 0 & -1\\ -1 & 4 & 5 & -3\\ 2 & 0 & 3 & 8\\ 0 & 8 & 12 & -5\end{bmatrix}$

3. 求下列矩阵的秩：

(1) $\begin{bmatrix}1 & 2 & 3 & 4\\ 1 & -2 & 4 & 5\\ 1 & 10 & 1 & 2\end{bmatrix}$　(2) $\begin{bmatrix}1 & 3 & -1 & -2\\ 1 & -4 & 3 & 5\\ 3 & 2 & 1 & 1\\ 2 & -1 & 2 & 3\end{bmatrix}$

(3) $\begin{bmatrix}4 & -7 & 4 & -4 & 5\\ 1 & -2 & 2 & 5 & -2\\ 1 & -2 & 1 & -4 & 2\\ 0 & 1 & -1 & 3 & 1\end{bmatrix}$　(4) $\begin{bmatrix}3 & -7 & 6 & 1 & 5\\ -1 & 1 & -10 & 5 & -7\\ 1 & 2 & 4 & -1 & 3\\ 4 & 11 & -2 & 8 & 0\end{bmatrix}$

自测题一

一、选择题

1. 设 $\begin{vmatrix} a_1 & a_2 & a_3 \\ b_1 & b_2 & b_3 \\ c_1 & c_2 & c_3 \end{vmatrix}=5$，则 $\begin{vmatrix} a_1+2a_3 & a_2 & a_3 \\ b_1+2b_3 & b_2 & b_3 \\ c_1+2c_3 & c_2 & c_3 \end{vmatrix}=$（　　）.

(A) 5　　(B) −5　　(C) 10　　(D) −10

2. 四阶行列式 $\begin{vmatrix} a_1 & 0 & 0 & b_1 \\ 0 & a_2 & b_2 & 0 \\ 0 & b_3 & a_3 & 0 \\ b_4 & 0 & 0 & a_4 \end{vmatrix}$ 的值等于（　　）.

(A) $a_1a_2a_3a_4-b_1b_2b_3b_4$　　(B) $a_1a_2a_3a_4+b_1b_2b_3b_4$

(C) $(a_1a_2-b_1b_2)(a_3a_4-b_3b_4)$　　(D) $(a_2a_3-b_2b_3)(a_1a_4-b_1b_4)$

3. 行列式 $D=0$ 的必要条件是（　　）.

(A) D 有一行元素全为零

(B) D 有两行（列）元素对应成比例

(C) D 中至少有一行元素可用行列式的性质全化为零

(D) D 中任意一行元素都可用行列式的性质全化为零

4. 如果 $A=\begin{bmatrix} 2 & 4 \\ 5 & 7 \end{bmatrix}$，则 A 的伴随矩阵 $A^*=$（　　）.

(A) $\begin{bmatrix} 7 & -4 \\ -5 & 2 \end{bmatrix}$　　(B) $\begin{bmatrix} 7 & 4 \\ 5 & 2 \end{bmatrix}$　　(C) $\begin{bmatrix} -2 & 5 \\ 4 & -7 \end{bmatrix}$　　(D) $\begin{bmatrix} 2 & 5 \\ 4 & 7 \end{bmatrix}$

5. 设 A 为 n 阶可逆矩阵，则下列选项正确的是（　　）.

(A) $(2A)^{-1}=2A^{-1}$　　(B) $AA^*\neq 0$

(C) $(A^*)^{-1}=\dfrac{1}{|A|}A^{-1}$　　(D) $(A+B)^{-1}=A^{-1}+B^{-1}$

二、填空题

6. 若 $\begin{vmatrix} a & 1 & 1 \\ 1 & a & 1 \\ 1 & 1 & a \end{vmatrix}=0$，则 $a=$________.

7. 若矩阵 $A=\begin{bmatrix} 2x+y & 4 \\ 10 & x-y \end{bmatrix}$，$B=\begin{bmatrix} 5 & 4 \\ 10 & 1 \end{bmatrix}$，且 $A=B$，则 $x=$________，$y=$________.

8. 设 A 为 3 阶方阵，$|A|=\dfrac{1}{2}$，求 $|(3A)^{-1}|=$________.

9. C 是 $n\times m$ 矩阵，若有矩阵 A,B，使 $AC=C^TB$，则 A 是________矩阵，B 是________矩阵.

10. 设 $A=\begin{bmatrix} 1 & 2 \\ 2 & x \end{bmatrix}$，$B=\begin{bmatrix} y & 1 \\ 1 & 2 \end{bmatrix}$，当 x,y 满足条件____________时，$AB=BA$.

11. 三阶行列式$\begin{vmatrix} -1 & 2 & 4 \\ 2 & -1 & 3 \\ 1 & 0 & -2 \end{vmatrix}$中元素 a_{23} 的代数余子式 $A_{23}=$__________.

三、计算题

12. 计算下列行列式的值：

(1) $\begin{vmatrix} 2 & 3 \\ -1 & 1 \end{vmatrix}$　　(2) $\begin{vmatrix} 2 & -1 & 3 \\ 3 & 5 & -15 \\ 4 & 1 & -3 \end{vmatrix}$

(3) $\begin{vmatrix} 1 & 2 & -1 \\ 0 & 0 & 1 \\ 1 & 3 & 2 \end{vmatrix}$　　(4) $\begin{vmatrix} 1 & -1 & 2 & 1 \\ 2 & 1 & -1 & 2 \\ -1 & 0 & 1 & -3 \\ 3 & 1 & -4 & 0 \end{vmatrix}$

13. 计算下列各式：

(1) $\begin{bmatrix} 1 & -1 \\ 0 & 1 \end{bmatrix} - 2\begin{bmatrix} 1 & 3 \\ 2 & 0 \end{bmatrix}$　　(2) $2\begin{bmatrix} 3 & 1 & 1 \\ -1 & 2 & -1 \\ 1 & 0 & 1 \end{bmatrix} - 3\begin{bmatrix} 1 & -2 & 2 \\ 0 & 1 & 3 \\ 1 & 0 & 4 \end{bmatrix}$

(3) $\begin{bmatrix} 1 & -1 \\ 0 & 1 \end{bmatrix}\begin{bmatrix} 0 \\ 3 \end{bmatrix}$　　(4) $\begin{bmatrix} 1 & -1 \\ 0 & 1 \end{bmatrix}\begin{bmatrix} 1 & 0 & 3 \\ 2 & -1 & 1 \end{bmatrix}$

(5) $\begin{bmatrix} 1 & 2 \end{bmatrix}\begin{bmatrix} 0 \\ 3 \end{bmatrix}$　　(6) $\begin{bmatrix} 3 & 0 & -1 \\ 1 & 1 & 2 \end{bmatrix}\begin{bmatrix} 1 & -1 & 1 \\ 0 & 2 & 0 \\ 2 & 0 & -3 \end{bmatrix}$

14. 求矩阵的秩：

(1) $\begin{bmatrix} 2 & -1 & 2 \\ 4 & 0 & 2 \\ 0 & -3 & 3 \end{bmatrix}$　　(2) $\begin{bmatrix} 1 & -1 & 2 & 1 & 0 \\ 2 & -2 & 4 & 2 & 0 \\ 3 & 0 & 6 & -1 & 1 \\ 0 & 3 & 0 & 0 & 1 \end{bmatrix}$

15. 求解下列矩阵方程：

(1) $\begin{bmatrix} 0 & 1 & 2 \\ 1 & 1 & 4 \\ 2 & -1 & 0 \end{bmatrix}X = \begin{bmatrix} 1 & 4 \\ 1 & 0 \\ -1 & 2 \end{bmatrix}$　　(2) $X - \begin{bmatrix} 0 & 0 & -1 \\ 1 & 0 & -1 \\ -2 & 1 & 0 \end{bmatrix}X = \begin{bmatrix} 1 \\ 2 \\ -3 \end{bmatrix}$.

第二章 线性方程组

【本章提要】

我们把未知量的最高次数为一次的方程组称为线性方程组,在自然现象和经济现象中某些变量之间的依赖关系,在一定程度上可以认为是线性关系,于是线性方程组就可以作为描述这些客观事物的数学模型.科学技术、经济管理和工程技术等领域中的很多问题,往往都可以归结为线性方程组的问题.

第一节 线性方程组的消元解法

我们曾学过方程个数与未知量个数相等的二元或三元一次方程组的解法,并知道它们的解只能是下列三种情况之一:有唯一解、有无穷多解、无解.但在许多实际问题中,经常要解未知量个数超过三个或方程个数与未知量个数不等的线性方程组,那么这种线性方程组如何求解?如果有解,是唯一解,还是无穷多解?从本节开始我们就来讨论这个问题.

一、线性方程组的有关概念

含有 n 个未知量的线性方程组称为 n 元线性方程组,它的一般形式为:

$$\begin{cases} a_{11}x_1 + a_{12}x_2 + \cdots + a_{1n}x_n = b_1 \\ a_{21}x_1 + a_{22}x_2 + \cdots + a_{2n}x_n = b_2 \\ \cdots \\ a_{m1}x_1 + a_{m2}x_2 + \cdots + a_{mn}x_n = b_m \end{cases} \tag{2-1}$$

其中 $x_j(j=1,\cdots,n)$ 表示未知量,$a_{ij}(i=1,\cdots,m;j=1,\cdots,n)$ 为方程组系数,它的两个下标 i,j 分别表示它在第 i 个方程中和它是未知量 x_j 的系数,m 与 n 不一定相等,$b_i(i=1,\cdots,m)$ 为常数项.

当式(1)中 $b_i(i=1,\cdots,m)$ 不全为 0 时,称为 n 元非齐次线性方程组;

当式(1)中 $b_i=0(i=1,\cdots,m)$ 时,即 $\begin{cases} a_{11}x_1 + a_{12}x_2 + \cdots + a_{1n}x_n = 0 \\ a_{21}x_1 + a_{22}x_2 + \cdots + a_{2n}x_n = 0 \\ \cdots \\ a_{m1}x_1 + a_{m2}x_2 + \cdots + a_{mn}x_n = 0 \end{cases}$

称为 n 元齐次线性方程组.

对于线性方程组(1),如果存在 n 个数 $c_1,c_2,\cdots,c_n$,当用 $x_1=c_1,x_2=c_2,\cdots,x_n=c_n$ 代入式(1)后,每个方程成为恒等式,则称 $x_1=c_1,x_2=c_2,\cdots,x_n=c_n$ 为该方程组的一个解,一个线性方程组所有解的集合称为该方程组的解集.

如果两个方程组的解集相同,则称这两个方程组为同解方程组.

记 $A=\begin{bmatrix} a_{11} & a_{12} & \cdots & a_{1n} \\ a_{21} & a_{22} & \cdots & a_{2n} \\ \vdots & \vdots & \vdots & \vdots \\ a_{m1} & a_{m2} & \cdots & a_{mn} \end{bmatrix}, X=\begin{bmatrix} x_1 \\ x_2 \\ \vdots \\ x_n \end{bmatrix}, B=\begin{bmatrix} b_1 \\ b_2 \\ \vdots \\ b_m \end{bmatrix}$

利用矩阵的乘法,可将方程组(1)写成如下的矩阵方程形式:$AX=B$,其中 A 称为系数矩阵,X 称为未知数矩阵,B 称为常数项矩阵.

由所有系数和常数项构成的矩阵称为增广矩阵,记作$\overline{A}$,即

$$\overline{A}=(A\mid B)=\left[\begin{array}{cccc|c} a_{11} & a_{12} & \cdots & a_{1n} & b_1 \\ a_{21} & a_{22} & \cdots & a_{2n} & b_2 \\ \vdots & \vdots & \vdots & \vdots & \vdots \\ a_{m1} & a_{m2} & \cdots & a_{mn} & b_m \end{array}\right].$$

例 1　写出线性方程组$\begin{cases} 2x_1+x_2-3x_3=1 \\ x_1-2x_2-x_3=5 \\ -x_1+2x_2-2x_3=0 \end{cases}$的矩阵方程和增广矩阵.

解:系数矩阵 $A=\begin{bmatrix} 2 & 1 & -3 \\ 1 & -2 & -1 \\ -1 & 2 & -2 \end{bmatrix}$,未知数矩阵 $X=\begin{bmatrix} x_1 \\ x_2 \\ x_3 \end{bmatrix}$,常数项矩阵 $B=\begin{bmatrix} 1 \\ 5 \\ 0 \end{bmatrix}$,矩阵方程 $AX=B$,

增广矩阵$\overline{A}=\begin{bmatrix} 2 & 1 & -3 & 1 \\ 1 & -2 & -1 & 5 \\ -1 & 2 & -2 & 0 \end{bmatrix}$.

二、线性方程组的消元法

对于一般的 n 元线性方程组,需要解决以下问题:

1. 如何判断方程组是否有解?
2. 如果方程组有解,它有多少个解?
3. 如何求出方程组所有的解?

利用矩阵这个工具,可以方便地解决上述问题. 下面我们先来看一个线性方程组的例子:

例 2　求解线性方程组:$\begin{cases} 2x_1+x_2-3x_3=1 \\ \frac{1}{2}x_1-\frac{1}{2}x_2-\frac{1}{2}x_3=1. \\ 3x_1+2x_2-5x_3=0 \end{cases}$

解:$\begin{cases} 2x_1+x_2-3x_3=1 \\ \frac{1}{2}x_1-\frac{1}{2}x_2-\frac{1}{2}x_3=1 \\ 3x_1+2x_2-5x_3=0 \end{cases}$　　$\begin{bmatrix} 2 & 1 & -3 & 1 \\ \frac{1}{2} & -\frac{1}{2} & -\frac{1}{2} & 1 \\ 3 & 2 & -5 & 0 \end{bmatrix}$

利用消元法得到方程组的一系列同解的方程组,并可将方程逐步化简.

第二个方程乘以 2,再与第一个方程对换次序得

$$\begin{cases}x_1-x_2-x_3=2\\2x_1+x_2-3x_3=1\\3x_1+2x_2-5x_3=0\end{cases}\qquad\begin{bmatrix}1&-1&-1&2\\2&1&-3&1\\3&2&-5&0\end{bmatrix}$$

第二个方程减去第一个方程的 2 倍;

第三个方程减去第一个方程的 3 倍,得

$$\begin{cases}x_1-x_2-x_3=2\\x_2-x_3=-3\\5x_2-2x_3=-6\end{cases}\qquad\begin{bmatrix}1&-1&-1&2\\0&1&-1&-3\\0&5&2&-6\end{bmatrix}$$

第三个方程减去第二个方程的 5 倍,得

$$\begin{cases}x_1-x_2-x_3=2\\x_2-x_3=-3\\3x_3=9\end{cases}\qquad\begin{bmatrix}1&-1&-1&2\\0&1&-1&-3\\0&0&3&9\end{bmatrix}$$

阶梯形矩阵

易求得原方程组的解为$\begin{cases}x_1=5\\x_2=0.\\x_3=3\end{cases}$

从上面例子我们可以看到,我们对线性方程组作了三种变换:

1. 用一个非零的实数乘以某一个方程;
2. 将一个方程的倍数加到另一个方程上;
3. 交换两个方程的位置.

这三种变换称为线性方程组的初等变换,而它们和矩阵的初等行变换是对应的,对方程组 $AX=B$ 做初等变换相当于对增广矩阵$\overline{A}$做初等行变换化成阶梯形矩阵,从而求得原方程组的解.

三、用矩阵解线性方程组

例 3 解方程组$\begin{cases}2x_1+x_2+x_3=1\\-2x_1+2x_2+x_3=7.\\4x_1+x_2=-2\end{cases}$

解:$\overline{A}=(A\,|\,B)=\begin{bmatrix}2&1&1&1\\-2&2&1&7\\4&1&0&-2\end{bmatrix}\to\begin{bmatrix}2&1&1&1\\0&3&2&8\\0&-1&-2&-4\end{bmatrix}\to\begin{bmatrix}2&1&1&1\\0&1&2&4\\0&3&2&8\end{bmatrix}\to$

$$\begin{bmatrix}2&1&1&1\\0&1&2&4\\0&0&-4&-4\end{bmatrix}$$

从而得到同解方程组:$\begin{cases}2x_1+x_2+x_3=1\\x_2+2x_3=4\\-4x_3=-4\end{cases}$

解得$\begin{cases}x_1=-1\\x_2=2\\x_3=1\end{cases}$

并且该解为原线性方程组的唯一解.

例 4 解线性方程组$\begin{cases}x_1+2x_2-x_3=1\\2x_1+3x_2+x_3=0.\\4x_1+7x_2-x_3=2\end{cases}$

解:$\overline{A}=\begin{bmatrix}1&2&-1&1\\2&3&1&0\\4&7&-1&2\end{bmatrix}\to\begin{bmatrix}1&2&-1&1\\0&-1&3&-2\\0&-1&3&-2\end{bmatrix}\to\begin{bmatrix}1&2&-1&1\\0&-1&3&-2\\0&0&0&0\end{bmatrix}$

得同解方程组$\begin{cases}x_1+2x_2-x_3=1\\-x_2+3x_3=-2,\\0=0\end{cases}$

解得:$\begin{cases}x_1=-5x_3-3\\x_2=3x_3+2\end{cases}$,

令 $x_3=c$(c 为任意常数),得到原方程组的解$\begin{cases}x_1=-5c-3\\x_2=3c+2\end{cases}$

称这个解为原线性方程组的一般解,此时,方程组有无穷多解,其中 x_3 称为自由未知量.

例 5 解线性方程组$\begin{cases}x_1+2x_2-x_3=1\\2x_1+3x_2+x_3=0.\\4x_1+7x_2-x_3=3\end{cases}$

解:$\overline{A}=\begin{bmatrix}1&2&-1&1\\2&3&1&0\\4&7&-1&3\end{bmatrix}\to\begin{bmatrix}1&2&-1&1\\0&-1&3&-2\\0&-1&3&-1\end{bmatrix}\to\begin{bmatrix}1&2&-1&1\\0&-1&3&-2\\0&0&0&1\end{bmatrix}$

得同解方程组$\begin{cases}x_1+2x_2-x_3=1\\-x_2+3x_3=-2,\\0=1\end{cases}$

其中第三个方程无解,故原方程组无解.

例 6 解线性方程组$\begin{cases}x_1+x_2+x_3=0\\x_1-x_2+2x_3=0\\2x_1+6x_2-x_3=0\end{cases}$.

解:$\overline{A}=\begin{bmatrix}1&1&1&0\\1&-1&2&0\\2&6&-1&0\end{bmatrix}\to\begin{bmatrix}1&1&1&0\\0&-2&1&0\\0&4&-3&0\end{bmatrix}\to\begin{bmatrix}1&1&1&0\\0&-2&1&0\\0&0&-1&0\end{bmatrix}$

得同解方程组$\begin{cases}x_1+x_2+x_3=0\\-2x_2+x_3=0\\-x_3=0\end{cases}$,

解得$\begin{cases}x_1=0\\x_2=0\\x_3=0\end{cases}$

由例6可知,齐次线性方程组的增广矩阵$\overline{A}$中,最后一列的元素全部为0,利用初等行变换将$\overline{A}$化成阶梯型矩阵所得到的解,与利用初等行变换将系数矩阵A化成阶梯型矩阵所得到的解是一样的.因此,解齐次线性方程组时,只要将系数矩阵化成阶梯形矩阵,即可得到解.

四、线性方程组解的判别定理

从上面的例题可以看出,线性方程组的解有三种情况,即有唯一解、无穷多解和无解,并且可以得到线性方程组解的判定定理.

定理1:对于n元线性方程组$AX=B$,设A与$\overline{A}$分别是系数矩阵和增广矩阵,

(1)若$r(A)\neq r(\overline{A})$,则方程组无解;

(2)若$r(A)=r(\overline{A})$,则方程组有解,且:

当$r(A)=r(\overline{A})=n$时,方程组有唯一解;

当$r(A)=r(\overline{A})<n$时,方程组有无穷多个解.

推论:齐次线性方程组$AX=0$必有解.当$r(A)=n$时有唯一解(零解),当$r(A)<n$时有无穷多解(非零解).

例7 判断方程组$\begin{cases}x_1+2x_2-3x_3=-11\\-x_1-x_2+2x_3=7\\2x_1-3x_2+x_3=6\\-3x_1+x_2+2x_3=5\end{cases}$是否有解?若有解,是有唯一解还是有无穷多解?

解:用初等行变换将其增广矩阵化成阶梯形矩阵,即

$$\overline{A}=\begin{bmatrix}1&2&-3&-11\\-1&-1&2&7\\2&-3&1&6\\-3&1&2&5\end{bmatrix}\to\begin{bmatrix}1&2&-3&-11\\0&1&-1&-4\\0&-7&7&28\\0&7&-7&-28\end{bmatrix}\to\begin{bmatrix}1&2&-3&-11\\0&1&-1&-4\\0&0&0&0\\0&0&0&0\end{bmatrix}$$

因为$r(A)=r(\overline{A})=2<3(n=3)$,所以方程组有无穷多解.

例8 判断齐次线性方程组

$$\begin{cases}x_1+3x_2-7x_3-8x_4=0\\2x_1+5x_2+4x_3+4x_4=0\\-3x_1-7x_2-2x_3-3x_4=0\\x_1+4x_2-12x_3-16x_4=0\end{cases}$$是有否非零解?

解:用初等行变换将系数矩阵化成阶梯形矩阵,即

$$\overline{A}=\begin{bmatrix}1&3&-7&-8\\2&5&4&4\\-3&-7&-2&-3\\1&4&-12&-16\end{bmatrix}\to\begin{bmatrix}1&3&-7&-8\\0&-1&18&20\\0&2&-23&-27\\0&1&-5&-8\end{bmatrix}\to\begin{bmatrix}1&3&-7&-8\\0&-1&18&20\\0&0&13&13\\0&0&13&12\end{bmatrix}\to$$

$$\begin{bmatrix}1 & 3 & -7 & -8\\0 & -1 & 18 & 20\\0 & 0 & 13 & 13\\0 & 0 & 0 & -1\end{bmatrix}$$

因为 $r(A)=4=n$,所以齐次方程组只有零解.

例 9 问 a,b 取何值时,方程组 $\begin{cases}x_1+2x_2+2x_3=1\\3x_2+x_3=b\\-x_1+x_2-ax_3=0\end{cases}$ 无解?有唯一解?有无穷多解?

解:由 $\overline{A}=\begin{bmatrix}1 & 2 & 2 & 1\\0 & 3 & 1 & b\\-1 & 1 & -a & 0\end{bmatrix}\to\begin{bmatrix}1 & 2 & 2 & 1\\0 & 3 & 1 & b\\0 & 3 & 2-a & 1\end{bmatrix}\to\begin{bmatrix}1 & 2 & 2 & 1\\0 & 3 & 1 & b\\0 & 0 & 1-a & 1-b\end{bmatrix}$

可知,当 $a=1$ 而 $b\neq1$ 时,有 $r(A)=2$,$r(\overline{A})=3$,故方程组无解;

当 $a\neq1$ 时,有 $r(A)=r(\overline{A})=3$,故方程组有唯一解;

当 $a=1$ 且 $b=1$ 时,有 $r(A)=r(\overline{A})=2$,故方程组有无穷多解.

习题 2-1

1. 写出下列线性方程组的系数矩阵和增广矩阵.

(1) $\begin{cases}x_1+2x_2+2x_3+3x_4=1\\3x_2+x_3+2x_4=2\\-x_1+x_2-x_3-4x_4=3\end{cases}$ (2) $\begin{cases}x_1-x_2-x_3+x_4=2\\x_1-x_2+x_3-3x_4=2\\x_1-x_2-2x_3+3x_4=1\end{cases}$

(3) $\begin{cases}x_1+x_2+2x_3+2x_4+7x_5=-2\\2x+3x_2+4x_3+5x_4=3\\3x_1+5x_2+6x_3+8x_4=5\end{cases}$

2. 用消元法求解下列线性方程组

(1) $\begin{cases}x_1+2x_2+4x_3=31\\5x_1+x_2+2x_3=29\\3x_1-x_2-2x_3=2\end{cases}$ (2) $\begin{cases}x_1+x_2-x_3=-3\\5x_1-2x_2+7x_3=22\\2x_1-5x_2+4x_3=4\end{cases}$

(3) $\begin{cases}x_1-2x_2+x_3+x_4=1\\x_1-2x_2+x_3-x_4=-1\\x_1-2x_2+x_3+5x_4=5\end{cases}$ (4) $\begin{cases}x_1-x_2-x_3+x_4=0\\x_1-x_2+x_3-3x_4=0\\x_1-x_2-2x_3+3x_4=0\end{cases}$

3. 判断下列线性方程组解的情况.

(1) $\begin{cases}x_1-x_2+x_3+x_4=1\\2x_1-3x_2+x_3-x_4=2\\x_1-2x_2+x_3+5x_4=5\end{cases}$ (2) $\begin{cases}x_1-2x_2+3x_3+x_4=1\\2x_1-x_2+2x_3-x_4=2\\x_1-x_2+3x_3+2x_4=0\end{cases}$

(3) $\begin{cases}x_1-x_2-x_3+x_4=1\\2x_1-x_2+3x_3-2x_4=2\\x_1-2x_2+x_3+3x_4=-2\\2x_1-2x_2-2x_3+2x_4=3\end{cases}$　　(4) $\begin{cases}-x_1+2x_2+x_3-x_4=0\\x_1-2x_2+2x_3-3x_4=0\\x_1+2x_2+x_3=0\end{cases}$

4. 问 a,b 取何值时,下列方程组无解？有唯一解？有无穷多解？

$$\begin{cases}x_1+x_2-x_3=2\\x_1-x_2+x_3=b\\x_1-x_2-ax_3=1\end{cases}$$

第二节　向量及其相关性

我们知道,平面上的一个向量 α 可以用一条有向线段来表示．如果把它移入直角坐标系 xoy 中,使向量的起点与原点 o 重合,终点就与平面内的一点对应,则 α 就可用点的坐标来表示为 $\alpha=(x,y)$,则称 α 为二维向量．同样三维几何空间中的向量 β 也对应着空间中的一点,其坐标表示为 $\beta=(x,y,z)$,它是由三个有序数组成的,称为三维向量．

在实际问题中,有许多研究的对象要用 n 元有序数组来表示．如某工厂一个星期 7 天每天的产出情况,就要用到 7 元的有序数组．本节我们把二、三维向量推广到 n 维的情形上,并讨论向量组的线性相关性,以及向量组的秩等概念,这些概念有助于我们更好地把握线性方程组的解的结构等问题．

一、n 维向量的定义

定义 2.1　n 个数 $a_1,a_2,\cdots,a_n$ 组成的有序数组 $(a_1,a_2,\cdots,a_n)$ 称为一个 n 维向量,数 a_i 称为该向量的第 i 个分量．

以后我们用小写希腊字母 $\alpha,\beta,\gamma,\cdots$ 来代表向量．

向量写成一行:$\alpha=(a_1,a_2,\cdots,a_n)$ 称为行向量;

写成一列:$\beta=\begin{pmatrix}a_1\\a_2\\\vdots\\a_n\end{pmatrix}$ 称为列向量,列向量也可以写成 $\beta=(a_1,a_2,\cdots,a_n)^T$ 的形式．

例如,矩阵 $A=\begin{bmatrix}1&0&2&1\\1&1&2&2\\3&2&1&0\end{bmatrix}$ 中每一列都可以看作三维向量:$\begin{pmatrix}1\\1\\3\end{pmatrix},\begin{pmatrix}0\\1\\2\end{pmatrix},\begin{pmatrix}2\\2\\1\end{pmatrix},\begin{pmatrix}1\\2\\0\end{pmatrix}$ 称为矩阵 A 的列向量,同时矩阵 A 的每一行也都可以看作四维向量:

$(1\ \ 0\ \ 2\ \ 1),(1\ \ 1\ \ 2\ \ 2),(3\ \ 2\ \ 1\ \ 0)$ 称为矩阵 A 的行向量．

n 维向量还可以用矩阵的方法进行定义．

一个 n 维行向量就可以直接定义为一个 $1\times n$ 矩阵:$\alpha=(a_1,a_2,\cdots,a_n)$;

一个 n 维列向量就可以直接定义为一个 $n\times 1$ 矩阵：$\beta=\begin{pmatrix}a_1\\a_2\\\vdots\\a_n\end{pmatrix}$.

既然向量又是一种特殊的矩阵，则向量相等、零向量、负向量的定义及向量运算的定义自然都和矩阵的定义一致．

定义 2.2 分量全为零的向量 $(0,0,\cdots,0)$ 称为零向量，记作：$0=(0,0,\cdots,0)$.

注：不同维数的零向量是不相等的．

把向量 $\alpha=(a_1,a_2,\cdots,a_n)$ 的各个分量都取相反数组成的向量，称为 α 的负向量，记作：$-\alpha=(-a_1,-a_2,\cdots,-a_n)$.

定义 2.3 如果 n 维向量 $\alpha=(a_1,a_2,\cdots,a_n)$ 与 n 维向量 $\beta=(b_1,b_2,\cdots,b_n)$ 的对应分量都相等，即 $a_i=b_i(i=1,2,\cdots,n)$. 则称向量 α 与 β 相等，记作：$\alpha=\beta$.

定义 2.4 （向量的加法）设 n 维向量 $\alpha=(a_1,a_2,\cdots,a_n)$，$\beta=(b_1,b_2,\cdots,b_n)$，则 α 与 β 的和是向量：$\alpha+\beta=(a_1+b_1,a_2+b_2,\cdots,a_n+b_n)$.

利用负向量的概念，可以定义向量的减法：

$$\alpha-\beta=\alpha+(-\beta)=(a_1-b_1,a_2-b_2,\cdots,a_n-b_n).$$

定义 2.5 （数与向量的乘法）设 n 维向量 $\alpha=(a_1,a_2,\cdots,a_n)$，$k$ 是一个实数，则 k 与 α 的乘积称为数乘向量，简称为数乘，记作 $k\alpha$，并且 $k\alpha=(ka_1,ka_2,\cdots,ka_n)$.

向量的加法运算和数乘运算统称为向量的线性运算，这是向量的基本运算．

向量的运算满足下列规律：设 α,β,γ 都是 n 维向量，k、l 是数，则

(1) $\alpha+\beta=\beta+\alpha$;

(2) $(\alpha+\beta)+\gamma=\alpha+(\beta+\gamma)$;

(3) $\alpha+0=\alpha$;

(4) $\alpha+(-\alpha)=0$;

(5) $1\times\alpha=\alpha$;

(6) $k(\alpha+\beta)=k\alpha+k\beta$;

(7) $(k+l)\alpha=k\alpha+l\alpha$;

(8) $(kl)\alpha=k(l\alpha)$.

例 1 设 $\alpha=(1,2,1)$，$\beta=(-1,0,2)$，求向量 $\alpha-\beta$、$3\alpha-2\beta$.

解：$\alpha-\beta=(1,2,1)-(-1,0,2)=(2,2,-1)$;

$3\alpha-2\beta=3\times(1,2,1)-2\times(-1,0,2)=(3,6,3)-(-2,0,4)=(5,6,-1)$.

二、向量的线性组合

定义 2.6 设 $\alpha_1,\alpha_2,\cdots,\alpha_n$ 是一组 m 维向量，$k_1,k_2,\cdots,k_n$ 是一组实数，则称 $k_1\alpha_1+k_2\alpha_2+\cdots+k_n\alpha_n$ 为 $\alpha_1,\alpha_2,\cdots,\alpha_n$ 的一个线性组合，称 $k_1,k_2,\cdots,k_n$ 为该线性组合的组合系数．

若一个 m 维向量 β 可以表示成 $\beta=k_1\alpha_1+k_2\alpha_2+\cdots+k_n\alpha_n$，则称 β 为 $\alpha_1,\alpha_2,\cdots,\alpha_n$ 的线性组合，或称 β 可用 $\alpha_1,\alpha_2,\cdots,\alpha_n$ 线性表出（或线性表示）.

例如，向量 $\begin{pmatrix}-1\\2\end{pmatrix}$ 是向量 $\begin{pmatrix}1\\0\end{pmatrix}$ 和 $\begin{pmatrix}0\\1\end{pmatrix}$ 的线性组合，因为 $\begin{pmatrix}-1\\2\end{pmatrix}=-\begin{pmatrix}1\\0\end{pmatrix}+2\begin{pmatrix}0\\1\end{pmatrix}$.

若干个同维数的向量组成的集合称为向量组，n 个向量 $\alpha_1,\alpha_2,\cdots,\alpha_n$ 组成的向量组可以记为 $A:\alpha_1,\alpha_2,\cdots,\alpha_n$ 或 $A=\{\alpha_1,\alpha_2,\cdots,\alpha_n\}$.

如何将 β 表示为 $\alpha_1,\alpha_2,\cdots,\alpha_n$ 的线性组合呢？也即组合系数如何求出呢？

例 2 判断向量 β 是否可以由 $\alpha_1,\alpha_2,\alpha_3$ 线性表出？若可以，写出它的一种表达式.

$$\beta=\begin{pmatrix}1\\2\\1\end{pmatrix}\quad \alpha_1=\begin{pmatrix}1\\1\\1\end{pmatrix}\quad \alpha_2=\begin{pmatrix}1\\2\\3\end{pmatrix}\quad \alpha_3=\begin{pmatrix}1\\3\\7\end{pmatrix}$$

解：假设 $\beta=x_1\alpha_1+x_2\alpha_2+x_3\alpha_3$

即
$$x_1\begin{pmatrix}1\\1\\1\end{pmatrix}+x_2\begin{pmatrix}1\\2\\3\end{pmatrix}+x_3\begin{pmatrix}1\\3\\7\end{pmatrix}=\begin{pmatrix}1\\2\\1\end{pmatrix}$$

$$\begin{cases}x_1+x_2+x_3=1\\x_1+2x_2+3x_3=2\\x_1+3x_2+7x_3=1\end{cases}$$

解得
$$\begin{cases}x_1=-1\\x_2=3\\x_3=-1\end{cases}$$

所以向量 β 可以由 $\alpha_1,\alpha_2,\alpha_3$ 线性表出，且 $\beta=-\alpha_1+3\alpha_2-\alpha_3$.

定理 1：向量 β 可用 $\alpha_1,\alpha_2,\cdots,\alpha_n$ 线性表出的充分必要条件是以 $\alpha_1,\alpha_2,\cdots,\alpha_n$ 为系数列向量，以 β 为常数列向量的线性方程组 $x_1\alpha_1+x_2\alpha_2+\cdots+x_n\alpha_n=\beta$ 有解.

注意：判断线性表出时，可直接写出矩阵 $[\alpha_1\quad\alpha_2\quad\cdots\quad\alpha_n\quad\beta]$，通过初等行变换化成阶梯型求解.

例 3 判断向量 β 是否可以由 $\alpha_1,\alpha_2,\alpha_3$ 线性表出？若可以，写出它的一种表达式.

$\beta=(1\quad 1\quad 1)\qquad \alpha_1=(1\quad -1\quad 1)\qquad \alpha_2=(2\quad 1\quad 1)\qquad \alpha_3=(3\quad 2\quad 0)$

解：以 $\alpha_1,\alpha_2,\alpha_3,\beta$ 为列写出矩阵

$$[\alpha_1\quad\alpha_2\quad\alpha_3\quad\beta]=\begin{bmatrix}1&2&3&1\\-1&1&2&1\\1&1&0&1\end{bmatrix}\to\begin{bmatrix}1&2&3&1\\0&3&5&2\\0&-1&-3&0\end{bmatrix}\to\begin{bmatrix}1&2&3&1\\0&-1&-3&0\\0&0&-4&2\end{bmatrix}$$

$$\begin{cases}x_1+2x_2+3x_3=1\\-x_2-3x_3=0\\-4x_3=2\end{cases}$$

解得
$$\begin{cases}x_1=-\dfrac{1}{2}\\x_2=\dfrac{3}{2}\\x_3=-\dfrac{1}{2}\end{cases},$$

所以向量 β 可以由 $\alpha_1,\alpha_2,\alpha_3$ 线性表出，$\beta=-\dfrac{1}{2}\alpha_1+\dfrac{3}{2}\alpha_2-\dfrac{1}{2}\alpha_3$.

三、向量组的相关性

定义 2.7 对于向量组 $\alpha_1,\alpha_2,\cdots,\alpha_n$，若存在 n 个不全为 0 的数 $k_1,k_2,\cdots,k_n$，使得 $k_1\alpha_1+k_2\alpha_2+\cdots+k_n\alpha_n=0$，则称向量组 $\alpha_1,\alpha_2,\cdots,\alpha_n$ 线性相关，否则称向量组 $\alpha_1,\alpha_2,\cdots,\alpha_n$ 线性无关.

例如，对于向量组 $\begin{pmatrix}-1\\2\end{pmatrix},\begin{pmatrix}1\\0\end{pmatrix},\begin{pmatrix}0\\1\end{pmatrix}$，存在一组不全为 0 的数 1，1，-2 使得 $\begin{pmatrix}-1\\2\end{pmatrix}+\begin{pmatrix}1\\0\end{pmatrix}-2\begin{pmatrix}0\\1\end{pmatrix}=0$，所以向量组 $\begin{pmatrix}-1\\2\end{pmatrix},\begin{pmatrix}1\\0\end{pmatrix},\begin{pmatrix}0\\1\end{pmatrix}$ 线性相关.

又例如，$\begin{pmatrix}1\\0\end{pmatrix},\begin{pmatrix}0\\1\end{pmatrix}$ 称为单位向量组，对于任意一组不全为 0 的实数 k_1,k_2，使得 $k_1\begin{pmatrix}1\\0\end{pmatrix}+k_2\begin{pmatrix}0\\1\end{pmatrix}\neq 0$，所以向量组 $\begin{pmatrix}1\\0\end{pmatrix},\begin{pmatrix}0\\1\end{pmatrix}$ 线性无关.

四、向量组的秩

定义 2.8 若向量组 $A:\alpha_1,\alpha_2,\cdots,\alpha_n$ 中的部分向量组 $\alpha_1,\alpha_2,\cdots,\alpha_r(r\leqslant n)$ 满足：

(1) $\alpha_1,\alpha_2,\cdots,\alpha_r$ 线性无关；

(2) A 中的每一个向量都可以由 $\alpha_1,\alpha_2,\cdots,\alpha_r$ 线性表示，

则称部分向量组 $\alpha_1,\alpha_2,\cdots,\alpha_r$ 为向量组 $A:\alpha_1,\alpha_2,\cdots,\alpha_n$ 的一个极大无关组.

例如：向量组 $\alpha_1=(1\quad 0\quad 0)$，$\alpha_2=(0\quad 1\quad 0)$，$\alpha_3=(0\quad 0\quad 1)$，$\alpha_4=(1\quad 1\quad 1)$ 的一个极大无关组为：$\alpha_1,\alpha_2,\alpha_3$. 同时 $\alpha_1,\alpha_2,\alpha_4$ 也是该向量组的一个极大无关组.

注意：对于一个向量组，其极大无关组不一定是唯一的，但是所有极大无关组所含向量的个数都相同.

定义 2.9 向量组 $A:\alpha_1,\alpha_2,\cdots,\alpha_n$ 的极大无关组所含向量的个数称为向量组 A 的秩，记作 $r(A)=r(\alpha_1,\alpha_2,\cdots,\alpha_n)$.

利用定义求向量组的秩是比较困难的. 但是，我们可以利用矩阵与列向量组之间的关系，把求向量组秩的问题转化为求矩阵的秩.

定理 2：矩阵 A 的秩等于矩阵 A 列向量组的秩，也等于矩阵 A 行向量组的秩.

定理 3：（向量组线性相关性的判定定理）

1. 向量组 $\alpha_1,\alpha_2,\cdots,\alpha_n$ 线性无关的充分必要条件是 $r(\alpha_1,\alpha_2,\cdots,\alpha_n)=n$；

2. 向量组 $\alpha_1,\alpha_2,\cdots,\alpha_n$ 线性相关的充分必要条件是 $r(\alpha_1,\alpha_2,\cdots,\alpha_n)<n$.

例 4 判断下列向量组的相关性

(1) $\alpha_1=(1\quad -1\quad 1)$，$\alpha_2=(2\quad 1\quad 1)$，$\alpha_3=(3\quad 2\quad 0)$；

(2) $\alpha_1=(1\quad 3\quad 2)$，$\alpha_2=(-1\quad 2\quad 1)$，$\alpha_3=(6\quad -5\quad 4)$，$\alpha_4=(8\quad 7\quad -6)$.

解：(1) 因为

$$A=[\alpha_1,\alpha_2,\alpha_3]=\begin{bmatrix}1&2&3\\-1&1&2\\1&1&0\end{bmatrix}\to\begin{bmatrix}1&2&3\\0&3&5\\0&-1&-3\end{bmatrix}\to\begin{bmatrix}1&2&3\\0&-1&-3\\0&0&-4\end{bmatrix}$$

$r(\alpha_1,\alpha_2,\alpha_3)=r(A)=3$，所以向量组 $\alpha_1,\alpha_2,\alpha_3$ 线性无关.

(2)因为

$$A=[\alpha_1,\alpha_2,\alpha_3,\alpha_4]=\begin{bmatrix}1&1&6&8\\3&2&-5&7\\2&1&4&-6\end{bmatrix}\to\begin{bmatrix}1&1&6&8\\0&-1&-23&-17\\0&-1&-8&-22\end{bmatrix}\to\begin{bmatrix}1&1&6&8\\0&-1&-23&-17\\0&0&15&-5\end{bmatrix}$$

$r(\alpha_1,\alpha_2,\alpha_3,\alpha_4)=r(A)=3<4$,所以向量组 $\alpha_1,\alpha_2,\alpha_3,\alpha_4$ 线性相关.

例 5 求出下列向量组的一个极大无关组和秩:

$$\alpha_1=\begin{pmatrix}1\\1\\1\\1\end{pmatrix}\quad \alpha_2=\begin{pmatrix}1\\2\\3\\4\end{pmatrix}\quad \alpha_3=\begin{pmatrix}1\\4\\9\\16\end{pmatrix}\quad \alpha_4=\begin{pmatrix}1\\3\\7\\13\end{pmatrix}\quad \alpha_5=\begin{pmatrix}1\\2\\5\\10\end{pmatrix}.$$

解:以所有向量为列向量形成 4×5 矩阵,然后用初等行变换把矩阵化成阶梯形矩阵

$$A=(\alpha_1,\alpha_2,\alpha_3,\alpha_4,\alpha_5)=\begin{bmatrix}1&1&1&1&1\\1&2&4&3&2\\1&3&9&7&5\\1&4&16&13&10\end{bmatrix}\to\begin{bmatrix}1&1&1&1&1\\0&1&3&2&1\\0&2&8&6&4\\0&3&15&12&9\end{bmatrix}\to$$

$$\begin{bmatrix}1&1&1&1&1\\0&1&3&2&1\\0&0&2&2&2\\0&0&6&6&6\end{bmatrix}\to\begin{bmatrix}1&1&1&1&1\\0&1&3&2&1\\0&0&2&2&2\\0&0&0&0&0\end{bmatrix}$$

所以 $r(\alpha_1,\alpha_2,\alpha_3,\alpha_4,\alpha_5)=3$,$\alpha_1,\alpha_2,\alpha_3$ 为一个极大无关组.

习题 2-2

1. 设向量 $\alpha_1=\begin{pmatrix}1\\2\\3\end{pmatrix}$,$\alpha_2=\begin{pmatrix}0\\1\\-1\end{pmatrix}$,$\alpha_3=\begin{pmatrix}-3\\2\\5\end{pmatrix}$,求 $2\alpha_1-3\alpha_2+\alpha_3$.

2. 判断下列向量组中向量 β 是否可以由 $\alpha_1,\alpha_2,\alpha_3$ 线性表出?若可以,写出它的一种表达式.

(1)$\beta=(1\quad 2\quad 3)$,$\alpha_1=(1\quad 0\quad 0)$,$\alpha_2=(0\quad 1\quad 0)$,$\alpha_3=(0\quad 0\quad 1)$;

(2)$\beta=(1\quad 2\quad -1)$,$\alpha_1=(1\quad 1\quad 0)$,$\alpha_2=(-1\quad 1\quad 2)$,$\alpha_3=(1\quad -1\quad 1)$;

(3)$\beta=(-1\quad 0\quad 1\quad 1)$,$\alpha_1=(1\quad 1\quad 2\quad 3)$,$\alpha_2=(1\quad -1\quad -2\quad 1)$,$\alpha_3=(0\quad 2\quad 2\quad 1)$.

3. 判断下列向量组是否线性相关.

(1)$\alpha_1=(1,0,2)$,$\alpha_2=(0,-1,-1)$,$\alpha_3=(2,0,4)$;

(2)$\alpha_1=(1\quad 1\quad 0\quad 2)$,$\alpha_2=(1\quad 0\quad 2\quad 1)$,$\alpha_3=(0\quad 2\quad 3\quad -1)$,$\alpha_4=(-1\quad 0\quad 1\quad 1)$.

4. 求出 $\alpha_1=\begin{pmatrix}1\\-1\\2\\3\end{pmatrix}$,$\alpha_2=\begin{pmatrix}0\\2\\5\\8\end{pmatrix}$,$\alpha_3=\begin{pmatrix}2\\2\\0\\-1\end{pmatrix}$,$\alpha_4=\begin{pmatrix}-1\\7\\-1\\-2\end{pmatrix}$的一个极大无关组.

5. 求下列向量组的秩.

(1)(1,2),(3,4);

(2) $(1,2,1),(2,4,2),(1,2,3)$;

(3) $(1,0,0),(1,1,0),(1,1,1)$;

(4) $(-1,2,0,1,3),(1,2,0,5,4),(3,2,2,0,-1)$.

第三节　线性方程组解的结构

前面我们已经介绍了线性方程组的矩阵形式 $AX=B$,当 $B=0$ 时,对应的齐次线性方程组 $AX=0$ 称为非齐次线性方程组的导出组. 当方程组有无穷多个解的情况下,如何表示这些解?非齐次线性方程组的解与其导出组的解有怎样的关系?这就是本节所要讨论线性方程组解的结构问题.

一、齐次线性方程组解的结构

n 元齐次线性方程组 $AX=0$ 的解 $\eta=\begin{pmatrix}x_1\\x_2\\\vdots\\x_n\end{pmatrix}$

称为方程组的解向量,全体解向量就构成了解向量组.

齐次线性方程组解向量具有如下的性质:

性质 1　若 η_1,η_2 为齐次线性方程组 $AX=0$ 的解,则 $\eta_1+\eta_2$ 也是方程组 $AX=0$ 的解.

性质 2　若 η_1 为齐次线性方程组 $AX=0$ 的解,则 $k\eta_1$ 也是方程组 $AX=0$ 的解(证略).

推论:若 $\eta_1,\eta_2,\cdots\eta_s$ 为齐次线性方程组 $AX=0$ 的解,$k_1,k_2,\cdots,k_s$ 为任意常数,则线性组合 $k_1\eta_1+k_2\eta_2+\cdots+k_s\eta_s$ 也是齐次线性方程组 $AX=0$ 的解.

显然,我们不可能一一列举出所有解向量,但是,如果能找出解向量组的一个极大无关组,就可以用这个极大无关组的线性组合来表示全部解向量了.

定义 3.1　若齐次线性方程组 $AX=0$ 的一组解 $\eta_1,\eta_2,\cdots\eta_s$ 满足:

(1) $\eta_1,\eta_2,\cdots\eta_s$ 线性无关,

(2) 方程组 $AX=0$ 的任何一个解都可以用 $\eta_1,\eta_2,\cdots\eta_s$ 线性表示,则称 $\eta_1,\eta_2,\cdots\eta_s$ 为方程组 $AX=0$ 的一个基础解系.

定理 1　(齐次线性方程组解的结构定理)当 n 元齐次线性方程组 $AX=0$ 的系数矩阵 A 的秩 $r(A)=r<n$ 时,则它一定存在基础解系 $\eta_1,\eta_2,\cdots,\eta_{n-r}$,且基础解系含有 $n-r$ 个解向量,其线性组合 $k_1\eta_1+k_2\eta_2+\cdots+k_{n-r}\eta_{n-r}$($k_1,k_2,\cdots,k_{n-r}$ 为任意常数),就是方程组 $AX=0$ 的全部解,也称通解.

下面我们通过例题分析给出求一个基础解系的方法.

例 1　求齐次线性方程组 $\begin{cases}2x_1+x_2-2x_3+3x_4=0\\3x_1+2x_2-x_3+2x_4=0\\x_1+x_2+x_3-x_4=0\end{cases}$ 的通解.

解: $A=\begin{bmatrix}2&1&-2&3\\3&2&-1&2\\1&1&1&-1\end{bmatrix}\to\begin{bmatrix}1&1&1&-1\\3&2&-1&2\\2&1&-2&3\end{bmatrix}\to\begin{bmatrix}1&1&1&-1\\0&-1&-4&5\\0&-1&-4&5\end{bmatrix}\to$

$$\begin{bmatrix}1 & 1 & 1 & -1\\0 & -1 & -4 & 5\\0 & 0 & 0 & 0\end{bmatrix}$$

根据阶梯形矩阵写成原方程组的同解方程组$\begin{cases}x_1=3x_3-4x_4\\x_2=-4x_3+5x_4\end{cases}$,

这里 x_3 和 x_4 为自由未知量.

取 $x_3=1,x_4=0$,代入同解方程组中求出 $x_1=3,x_2=-4$;

取 $x_3=0,x_4=1$,代入同解方程组中求出 $x_1=-4,x_2=5$.

于是可以得到一个基础解系 $\eta_1=\begin{pmatrix}3\\-4\\1\\0\end{pmatrix},\eta_2=\begin{pmatrix}-4\\5\\0\\1\end{pmatrix}$,

因此,所求的通解为 $\eta=k_1\eta_1+k_2\eta_2,k_1,k_2$ 为任意实数.

注:通过上面的例题,我们得到求方程组 $AX=0$ 的基础解系和通解的方法:

1. 对方程组的系数矩阵 A 作初等行变换转化为阶梯形矩阵;
2. 写出原方程组的同解方程组,确定自由未知量;
3. 令自由未知量分别为同维数的基本单位向量组,求得一个基础解系;
4. 写出通解.

例 2 求$\begin{cases}x_1+x_2-x_3+2x_4+x_5=0\\x_3+3x_4-x_5=0\\2x_3+x_4-2x_5=0\end{cases}$的通解.

解:$A=\begin{bmatrix}1 & 1 & -1 & 2 & 1\\0 & 0 & 1 & 3 & -1\\0 & 0 & 2 & 1 & 2\end{bmatrix}\to\begin{bmatrix}1 & 1 & -1 & 2 & 1\\0 & 0 & 1 & 3 & -1\\0 & 0 & 0 & -5 & 0\end{bmatrix}$

根据阶梯阵写成原方程组的同解方程组$\begin{cases}x_1+x_2-x_3+2x_4+x_5=0\\x_3+3x_4-x_5=0\\-5x_4=0\end{cases}$

化简得到$\begin{cases}x_1=-x_2\\x_3=x_5\\x_4=0\end{cases}$,

这里是取 x_2 和 x_5 为自由未知量,

取 $x_2=1,x_5=0$,代入同解方程组中求出 $x_1=-1,x_3=0$;

取 $x_2=0,x_5=1$,代入同解方程组中求出 $x_1=0,x_3=1$,

于是可以得到一个基础解系 $\eta_1=\begin{pmatrix}-1\\1\\0\\0\\0\end{pmatrix},\eta_2=\begin{pmatrix}0\\0\\1\\0\\1\end{pmatrix}$,

因此,所求的通解为 $\eta = k_1\eta_1 + k_2\eta_2$,$k_1$,$k_2$ 为任意实数.

二、非齐次线性方程组解的结构

性质 1 若 η_1,η_2 为非齐次线性方程组 $AX=B$ 的解,则 $\eta_1-\eta_2$ 是其导出组 $AX=0$ 的解.

性质 2 若 η_0 为非齐次线性方程组 $AX=B$ 的一个解,η_1 是其导出组 $AX=0$ 的一个解,则 $\eta_0+\eta_1$ 也是方程组 $AX=B$ 的解.

注:$AX=B$ 的任意一个解 η^* 都称为它的一个特解.

定理 2 (非齐次线性方程组解的结构定理)n 元非齐次线性方程组 $AX=B$,若它的一个特解为 η^*,其导出组 $AX=0$ 的通解为 $k_1\eta_1+k_2\eta_2+\cdots+k_{n-r}\eta_{n-r}$($k_1,k_2,\cdots,k_{n-r}$为任意常数),则非齐次线性方程组 $AX=B$ 的通解为

$$\eta=\eta^*+k_1\eta_1+k_2\eta_2+\cdots+k_{n-r}\eta_{n-r}(k_1,k_2,\cdots,k_{n-r}\text{为任意常数}).$$

例 3 求$\begin{cases}x_1+2x_2-x_3+3x_4+x_5=2\\ -x_1-2x_2+x_3-x_4+3x_5=4\\ 2x_1+4x_2-2x_3+6x_4+3x_5=6\end{cases}$的通解.

解:$$\bar{A}=\left[\begin{array}{ccccc|c}1&2&-1&3&1&2\\-1&-2&1&-1&3&4\\2&4&-2&6&3&6\end{array}\right]\to\left[\begin{array}{ccccc|c}1&2&-1&3&1&2\\0&0&0&2&4&6\\0&0&0&0&1&2\end{array}\right]$$

根据阶梯形矩阵写成原方程组的同解方程

$$\begin{cases}x_1+2x_2-x_3+3x_4+x_5=2\\ 2x_4+4x_5=6\\ x_5=2\end{cases}$$

化简得到$\begin{cases}x_1=-2x_2+x_3+3\\ x_4=-1\\ x_5=2\end{cases}$

这里是取 x_2 和 x_3 为自由未知量,取 $x_2=0$,$x_3=0$,

得到一个特解 $\eta^*=\begin{pmatrix}3\\0\\0\\-1\\2\end{pmatrix}$,

原方程组的导出组的同解方程组为$\begin{cases}x_1=-2x_2+x_3\\ x_4=0\\ x_5=0\end{cases}$,

令$\begin{pmatrix}x_1\\x_2\end{pmatrix}=\begin{pmatrix}1\\0\end{pmatrix}$和$\begin{pmatrix}0\\1\end{pmatrix}$,可求得基础解系 $\eta_1=\begin{pmatrix}-2\\1\\0\\0\\0\end{pmatrix}$,$\eta_2=\begin{pmatrix}1\\0\\1\\0\\0\end{pmatrix}$,

因此,原方程组的通解为 $\eta = \eta^* + k_1\eta_1 + k_2\eta_2$, k_1, k_2 为任意实数.

注:通过上面的例题,我们得到求方程组 $AX = B$ 的通解方法:

1. 对方程组的增广矩阵 $\bar{A}$ 作初等行变换转化为阶梯形矩阵;
2. 写出原方程组的同解方程组,确定自由未知量;
3. 可令自由未知量都为 0 求得一个特解;
4. 写出原方程组导出组的同解方程组,令自由未知量分别为同维数的基本单位向量组,求得一个基础解系;
5. 写出原方程组通解.

习题 2 - 3

1. 求出以下齐次线性方程组的一个基础解系,并写出通解.

(1) $\begin{cases} x_1 + 2x_2 + 2x_3 = 0 \\ 2x_1 + 5x_2 + 3x_3 = 0 \\ -x_1 - 3x_2 - x_3 = 0 \end{cases}$　　(2) $\begin{cases} x_1 + 2x_2 - x_3 - x_4 = 0 \\ x_1 + 2x_2 + x_4 = 0 \\ -x_1 - 2x_2 + 2x_3 + 4x_4 = 0 \end{cases}$

(3) $\begin{cases} x_1 + 6x_2 - x_3 - x_4 = 0 \\ -2x_1 - 12x_2 + 5x_3 + 17x_4 = 0 \\ 3x_1 + 18x_2 - x_3 - 6x_4 = 0 \end{cases}$　　(4) $\begin{cases} x_1 + 2x_2 + 3x_3 - x_4 = 0 \\ 2x_1 + 4x_2 + 5x_3 - 3x_4 - x_5 = 0 \\ -x_1 - 2x_2 - 3x_3 + 3x_4 + 4x_5 = 0 \end{cases}$

2. 以下非齐次线性方程组是否有解?若有解,求出其通解.

(1) $\begin{cases} x_1 + 2x_2 - 3x_3 + 4x_4 = 0 \\ 2x_1 - 3x_2 + x_3 = 0 \\ x_1 + 9x_2 - 10x_3 + 12x_4 = 11 \end{cases}$　　(2) $\begin{cases} x_1 + 2x_2 - x_3 - x_4 = 0 \\ 2x_1 - 3x_2 + x_4 = 4 \\ -x_1 - 2x_2 + 2x_3 + 4x_4 = 5 \end{cases}$

(3) $\begin{cases} x_1 + x_2 - 3x_3 - x_4 = 1 \\ 3x_1 - x_2 - 3x_3 + 4x_4 = 4 \\ x_1 + 5x_2 - 9x_3 - 8x_4 = 0 \end{cases}$　　(4) $\begin{cases} x_1 + x_2 + x_3 + x_4 + x_5 = 7 \\ 3x_1 + 2x_2 + x_3 + x_4 - 3x_5 = -2 \\ x_2 + 2x_3 + 2x_4 + 6x_5 = 23 \\ 5x_1 + 4x_2 - 3x_3 + 3x_4 - x_5 = 12 \end{cases}$

自测题二

一、填空题

1. 五元齐次线性方程组 $AX = 0$ 只有零解,则 $r(A) =$ __________.
2. n 元线性方程组 $AX = B$ 有唯一解的充分必要条件是__________.
3. 若线性方程组 $AX = B$ 的增广矩阵 $\bar{A} = \begin{pmatrix} 1 & \lambda & 2 \\ 2 & 1 & 4 \end{pmatrix}$,则当 $\lambda =$ __________时,此线性方程组有无穷多解.
4. 已知线性方程组 $AX = B$,其中 $A = \begin{pmatrix} 1 & 0 \\ -2 & 1 \end{pmatrix}$,若 $\eta_0 = \begin{pmatrix} 1 \\ 2 \end{pmatrix}$为它的解,则常数项矩阵 $B =$ __________.
5. 线性方程组 $AX = B$ 有唯一解,则其导出组 $AX = 0$ 有__________解.

二、计算题

6. 用消元法求解下列方程组.

(1) $\begin{cases} x_1+2x_2+3x_3=4 \\ 3x_1+5x_2+7x_3=9 \\ 5x_1+8x_2+11x_3=14 \end{cases}$ (2) $\begin{cases} x_1-2x_2+3x_3=4 \\ 2x_1+x_2-3x_3=5 \\ -x_1+2x_2+2x_3=6 \\ 3x_1-3x_2+2x_3=7 \end{cases}$

7. 判别下列方程组解的情况(齐次方程组是否有非零解).

(1) $\begin{cases} x_1+x_2-3x_3=-3 \\ 2x_1+2x_2-2x_3=-2 \\ x_1+x_2+x_3=1 \\ 3x_1+3x_2-5x_3=-5 \end{cases}$ (2) $\begin{cases} 2x_1+x_2-x_3+x_4=1 \\ 3x_1-2x_2+2x_3-3x_4=2 \\ 5x_1+x_2-x_3+2x_4=-1 \\ 2x_1-x_2+x_3-3x_4=4 \end{cases}$

(3) $\begin{cases} x_1+2x_2-4x_3+2x_4=0 \\ 3x_1-x_2+2x_3-x_4=0 \\ -2x_1+4x_2-x_3+3x_4=0 \\ 3x_1+9x_2-7x_3+6x_4=0 \end{cases}$ (4) $\begin{cases} 3x_1+x_2-8x_3+2x_4+x_5=0 \\ 2x_1-2x_2-3x_3-7x_4+2x_5=0 \\ x_1+11x_2-12x_3+34x_4-5x_5=0 \\ x_1-5x_2+2x_3-16x_4+3x_5=0 \end{cases}$

8. 确定 m 的值,使线性方程组 $\begin{cases} 2x_1-x_2+x_3+x_4=1 \\ x_1+2x_2-x_3+4x_4=2 \\ x_1+7x_2-4x_3+11x_4=m \end{cases}$ 有解,并求解.

9. 设线性方程组 $\begin{cases} x_1-x_2+mx_3=0 \\ 2x_1+x_2-x_3=0 \\ x_1+x_3=0 \end{cases}$ 有非零解,试确定 m 的值并求解.

10. 判断下列向量组中向量 β 是否可以由 $\alpha_1,\alpha_2,\alpha_3$ 线性表出? 若可以,写出它的一种表达式.

(1) $\beta=(0,-1,2)^T,\alpha_1=(1,-1,-1)^T,\alpha_2=(2,3,5)^T,\alpha_3=(1,0,1)^T$

(2) $\beta=(1,-1,2,0)^T,\alpha_1=(1,-1,2,4)^T,\alpha_2=(3,0,7,14)^T,\alpha_3=(2,1,5,6)^T,\alpha_4=(0,3,1,2)^T$

11. 求下列向量组的秩及一个极大无关组:

(1) $\alpha_1=(1,1,1)^T,\alpha_2=(1,1,0)^T,\alpha_3=(1,2,3)^T$

(2) $\alpha_1=(3,-1,2)^T,\alpha_2=(1,5,-7)^T,\alpha_3=(7,-13,20)^T,\alpha_4=(-2,6,1)^T$

(3) $\alpha_1=(1,-1,2,4)^T,\alpha_2=(0,3,1,2)^T,\alpha_3=(3,0,7,14)^T,\alpha_4=(2,1,5,6)^T,\alpha_5=(1,-1,2,0)^T$.

12. 求下列齐次线性方程组的一个基础解系和通解:

(1) $\begin{cases} 3x_1+4x_2+x_3+2x_4+3x_5=0 \\ 5x_1+7x_2+x_3+3x_4+4x_5=0 \\ 4x_1+5x_2+2x_3+x_4+5x_5=0 \\ 7x_1+10x_2+x_3+6x_4+5x_5=0 \end{cases}$ (2) $\begin{cases} x_1+8x_2-x_3+3x_4=0 \\ 7x_1-9x_2+3x_3+x_4=0 \\ -x_1+5x_2-x_3+x_4=0 \\ 3x_1-2x_2+x_3+x_4=0 \end{cases}$

13. 求下列非齐次线性方程组的通解：

(1) $\begin{cases} x_1 - 8x_2 - 9x_3 + 5x_4 = 0 \\ x_1 - x_2 - 3x_3 + x_4 = 1 \\ 3x_1 + 4x_2 - 3x_3 - x_4 = 4 \end{cases}$　　(2) $\begin{cases} 2x_1 + 3x_2 + x_3 = 4 \\ x_1 - 2x_2 + 4x_3 = -5 \\ 3x_1 + 8x_2 - 2x_3 = 13 \\ 4x_1 - x_2 + 9x_3 = -6 \end{cases}$

第三章 随机事件与概率

【本章提要】

概率论是研究随机现象规律性的一门科学．由于随机现象广泛存在于自然界和人类社会中，因而概率论的理论和方法被广泛应用于工业、农业等多个领域中．随机事件及其概率是概率论中两个基本概念，研究事件间的关系和运算、概率的性质及概率的计算是概率论中的一些基本问题，本章将主要介绍这些内容．

第一节 随机事件

一、随机现象与随机事件

1. 随机现象

在自然界和人类社会中，我们经常会遇到这样一些现象：在同样的条件下，多次进行同一试验，或多次观测同一现象，所得的结果并不完全一样，并且在每次试验或观测前无法预知确切的试验结果．例如：

(1)在相同条件下抛掷同一枚硬币，其结果可能是正面向上，也可能是正面向下，并且事先无法肯定抛掷的结果是什么；

(2)用同一门炮在同样的条件下(初始速度、发射角、弹道系数都相同)向同一目标多次射击，各次的弹着点并不都落在同一点上，而且每次射击前都无法预测弹着点的确切位置；

(3)取 50 粒种子做发芽试验，结果可能 0 粒，1 粒，⋯ 50 粒种子会发芽，但事先无法确定．

人们经过长期实践并深入研究之后，发现这类现象虽然就每次试验或观测结果而言，具有不确定性，但在大量重复试验或观测下，其结果却呈现出某种规律性．例如，多次重复投掷一枚硬币，得到正面向上的次数大致占总投掷次数的 1/2 左右；同一门炮相同条件下向同一目标多次射击，弹着点散落在一定的范围内按照一定规律分布等．

我们把这种在大量重复试验或观测下，其结果所呈现出的固有规律性，称为统计规律性．而把这种在个别试验中呈现出不确定性，在大量重复试验中具有统计规律性的现象，称为随机现象．

任一随机现象都与某一试验或观测相联系，今后为了叙述方便，把对随机现象的一次试验或观测统一称为随机现象的一个试验．如果一个试验可以在相同的条件下重复进行，并且试验的所有可能结果是明确不变的，但是每次试验的具体结果在试验前是无法预知的，这种试验称为随机试验，简称为试验，一般用 E 表示．我们把随机试验可能出现的每一个最基本的结果称为该试验的一个样本点，一般用 ω 表示，样本点的全体构成的集合称为该试验的样本空间，用 U 表示．

例如：在相同条件下抛掷同一枚硬币，ω_1——正面向上，ω_2——反面向上，该随机试验的样本空间为 $U=\{\omega_1,\omega_2\}$.

对于一个随机试验，由于试验目的不同，相应建立的样本空间可能不同．如投掷一枚均匀的相对二面分别用红、黑、蓝三种颜色涂点的骰子，若试验的目的是观察骰子朝上面的点数，样本空间 $U=\{1,2,3,4,5,6\}$；若试验的目的是观察骰子朝上面的颜色，样本空间 $U=\{$红，黑，蓝$\}$.

2. 随机事件

在随机试验中，对一次试验可能出现也可能不出现，而在大量重复试验中又具有统计规律的试验结果，称为此随机试验的随机事件，简称事件．用英文大写字母 $A,B,C,\cdots$表示．随机事件可分为基本事件和复合事件．我们把不能再分的事件称为基本事件．例如，将一枚硬币抛两次的随机试验中，"两次都是正面""两次都是反面"是基本事件．复合事件是指由若干个基本事件组成，如将一枚硬币抛两次的随机试验中，"至少有一次正面"是复合事件．事件是样本空间 U 的某个子集．

在每次试验中必然发生的事件，称为必然事件，一般用 U 表示；而每次试验都必然不会发生的事件，称为不可能事件，一般用$\varnothing$表示．如投掷一枚均匀的骰子，观察骰子朝上面的点数，"点数不超过 6 点"就是一个必然事件；"点数超过 6 点"就是不可能事件．

对于一个随机试验 E，样本空间 U 就是一个以随机试验的样本点为元素的全集，而任何事件均为样本空间的一个子集，特别是必然事件作为随机事件的特例，用集合表示就是样本空间 U；不可能事件作为随机事件的特例，用集合表示就是空集$\varnothing$.

二、事件间的关系和运算

由上述讨论可知，随机事件与样本空间 U 的子集一一对应，下面我们用集合论中的一些术语、符号来描述事件之间的关系和运算．

1. 事件的包含与相等

定义 1.1 如果事件 A 发生，必然导致事件 B 发生，则称事件 B 包含事件 A，或称事件 A 包含于事件 B. 记作 $B\supset A$（或 $A\subset B$）．事件 A、事件 B 及样本空间 U 的关系如图 3－1 所示．

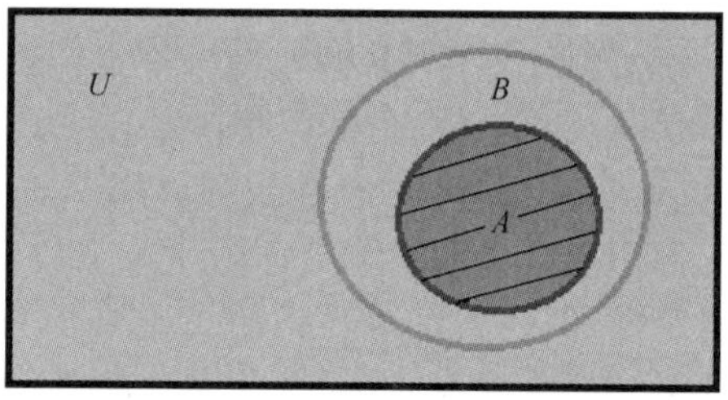

图 3－1

例 1 一批产品中有合格品 90 件与不合格品 10 件，合格品中有 1% 的一等品，从中随机抽取一件，是一等品记作 A，是合格品记作 B，显然 A 发生时 B 一定发生，因此 $A\subset B$.

特别地，如果 $A\subset B$ 和 $B\subset A$ 同时成立，则称事件 A 与 B 相等，记作 $A=B$.

2. 事件的和（或并）

定义 1.2 事件 A 与事件 B 至少一个发生，是一个事件，称之为事件 A 与事件 B 的和（或并），记作 $A+B$（或 $A\cup B$）（图 3－2），即

$$A+B=\{A\text{ 与 }B\text{ 至少发生一个}\}.$$

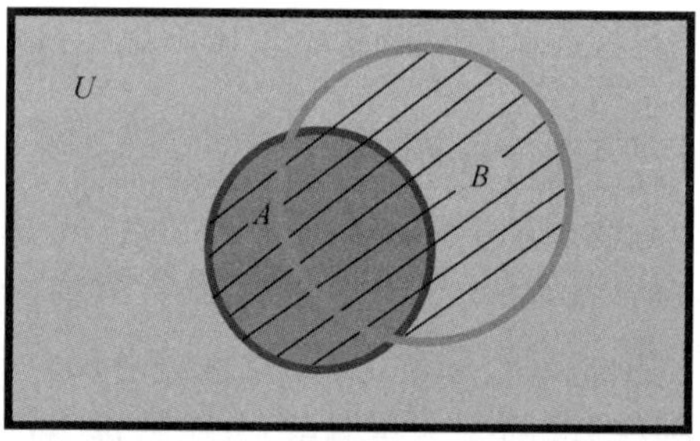

图 3－2

例 2 接连射击两次，观察各次中靶与否．设

$A=\{$第一次命中$\}$，$B=\{$第二次命中$\}$，则 $A+B=\{$至少一次命中$\}$.

类似地，事件 $A_1,A_2,\cdots,A_n$ 中至少有一个发生的事件称为 $A_1,A_2,\cdots,A_n$ 的和，记作：$\bigcup_{i=1}^{n}A_i$.

特别地，$A+U=U$，$A+\varnothing=A$.

3. 事件的积

定义 1.3 事件 A 与事件 B 同时发生，是一个事件，称为事件 A 与事件 B 的积（或交），记作 AB（或 $A\cap B$）（图 3－3），即

$AB=\{A$ 与 B 同时发生$\}$.

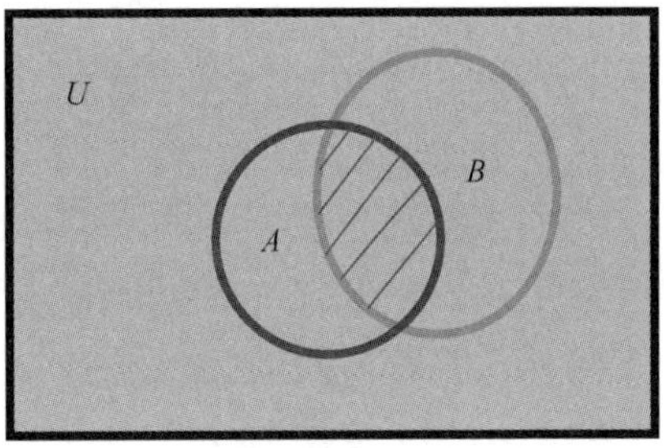

图 3－3

例 3 有甲、乙两人射击一目标，当两人同时击中目标，目标被击毁，设 $A=\{$甲击中目标$\}$，$B=\{$乙击中目标$\}$，$C=\{$目标被击毁$\}$，则 $C=AB$.

类似地，两个事件积的概念可以推广到有限多个事件上.

特别地，$AU=A$，$A\varnothing=\varnothing$.

4. 事件的差

定义 1.4 事件 A 发生而事件 B 不发生，这一事件称为事件 A 与事件 B 的差事件，记作 $A-B$（图 3－4）.

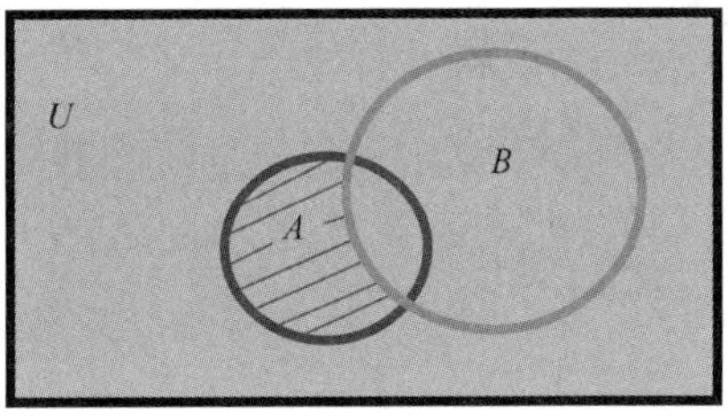

图 3－4

例 4 掷色子试验中，设事件 $A=\{$出现偶数点$\}$，事件 $B=\{$出现点数小于 5$\}$，则$\{$出现 6 点$\}$就是 A 与 B 的差事件 $A-B$.

5. 事件的互斥（或互不相容）

定义 1.5 若事件 A 与事件 B 不能同时发生，即满足 $AB=\varnothing$，则称事件 A 与 B 互斥，或称事件 A 与 B 是互不相容的（图 3－5）.

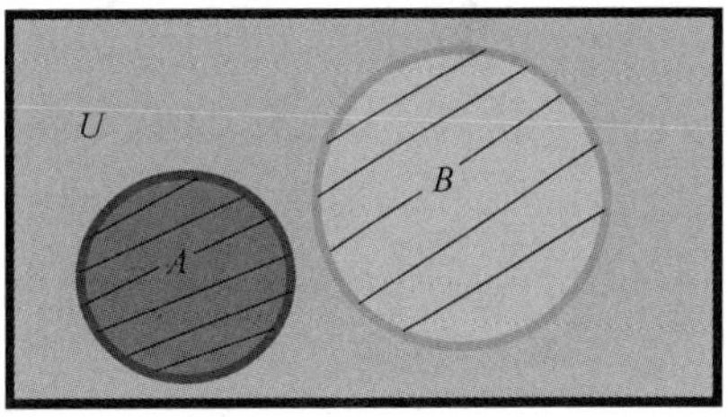

图 3－5

显然，同一试验中的各个基本事件是互斥的.

例 5 掷一颗骰子，令事件 $A=\{$掷出偶数点$\}$，事件 $B=\{$掷出 5 点$\}$，则事件 A、事件 B 是互斥的，即 $AB=\varnothing$.

6. 事件的对立（或互逆）

定义 1.6 若事件 A 与 B 互斥，且在每次试验中，事件 A 与 B 必有一个发生，则称事件 A 与 B 对立（或互逆）（图 3－6）.

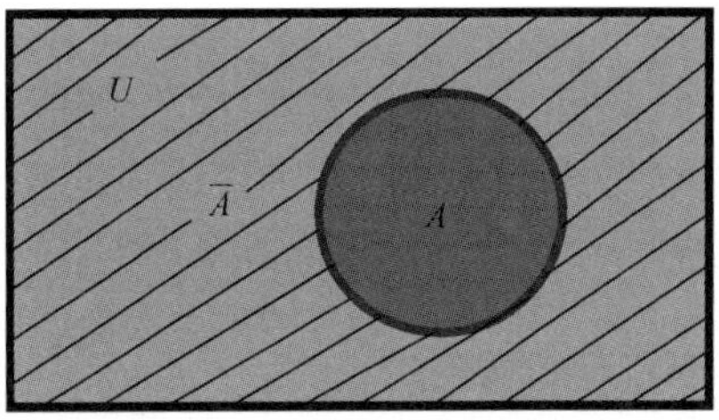

图 3－6

显然，如果事件 A 与 B 对立，则 $AB=\varnothing$，且 $A+B=U$，反之亦成立.

一般用 $\bar{A}$ 表示事件 A 的对立事件，若 A 与 B 互逆，则 B 也是 A 的逆事件（或对立事件），记作 $B=\bar{A}$.

例 6 掷一颗骰子，令事件 $A=\{$掷出偶数点$\}$，事件 $B=\{$掷出奇数点$\}$，则事件 A、B 是对立的，$B=\bar{A}$.

注意：互逆与互斥是不同的两个概念，互逆必互斥，但互斥不一定互逆．例如，取 3 粒种子做发芽试验，观察其结果，用 A 表示"3 粒均发芽"，B 表示"1 粒发芽"．显然事件 A 与事件 B 互斥，但不互逆，而 A 的互逆是"至少 1 粒不发芽"．

根据事件互逆的定义，对任意两个事件 A、B，有下列结论：

(1) $\overline{\overline{A}} = A$，$\overline{\varnothing} = U$，$\overline{U} = \varnothing$.

(2) $A - B = A\overline{B}$.

(3) $\overline{A + B} = \overline{A}\,\overline{B}$，$\overline{AB} = \overline{A} + \overline{B}$.

例 7　设 A, B, C 表示 3 个事件，试以事件的运算来表示下列各事件：

(1) 仅 B 发生；

(2) A, B, C 都发生；

(3) A, B, C 至少有一个发生；

(4) A, B, C 都不发生；

(5) A, B, C 不全发生．

解：(1) $\overline{A}B\overline{C}$；(2) ABC；(3) $A \cup B \cup C$；(4) $\overline{A}\,\overline{B}\,\overline{C}$；(5) $\overline{ABC}$.

习题 3－1

1. 判断下列事件是不是随机事件：

(1) 一批产品有正品，有次品，从中任意抽出一件是"次品"；

(2) "明天下雪"；

(3) "十字路口汽车的流量"；

(4) "在南京，将水加热到 100℃就沸腾"；

(5) 抛一枚硬币，"出现正面朝上"．

2. 设 A、B 为两个事件，试用文字表示下列事件的含义：

(1) $A + B$；　(2) AB；　(3) $A - B$；

(4) $A - AB$；　(5) $\overline{A}\,\overline{B}$；　(6) $A\overline{B} + \overline{A}B$.

3. 设事件 A = "射击 5 次至少射中 1 次"，则 $\overline{A}$ 表示的含义？

4. 用语言描述下列事件的对立事件：

(1) A 表示"抛两枚硬币，都出现正面"；

(2) B 表示"生产 5 个产品，至少有 1 个是正品"．

第二节　随机事件的概率

所谓随机事件的概率，简单地讲，就是随机事件发生的可能性的大小，通常用介于 0 与 1 的某个数来表示它．这个表达随机事件发生可能性大小的数值称为概率．下面主要介绍概率的概念、性质及其简单的计算．

一、频率与概率

随机事件就个别试验而言，我们很难预料其结果，但在多次重复试验中，却呈现出明显的规律性．

在一组相同的条件下重复 n 次试验，事件 A 发生了 m 次，称比值 $\frac{m}{n}$ 为事件 A 在 n 次试验中出现的频率，记作 $f_n(A)$.

例 1 历史上德摩根、蒲丰、皮尔逊等人进行过投掷一枚硬币的试验来观察“正面向上”这一事件的规律，得到的结果如表 3－1 所示.

表 3－1 “投掷硬币”试验的记录

试验者	投掷次数	正面向上次数 m	频率 $\frac{m}{n}$
德摩根	2 048	1 061	0. 518 0
蒲丰	4 040	2 048	0. 506 9
皮尔逊	12 000	6 019	0. 501 6
皮尔逊	24 000	12 012	0. 500 5

表 3－1 结果表明：当试验次数 n 逐渐增多时，“正面向上”的频率越来越明显地稳定并接近于 0. 5. 这个数值反映了“出现正面”的可能性大小. 我们称这个数值为投掷硬币“出现正面”发生的概率.

定义 2. 1 在一个随机试验中，如果随着试验次数的增大，事件 A 出现的频率 $\frac{m}{n}$ 在某个常数 p 附近摆动，那么定义事件 A 的概率为 p，记作 $P(A)=p$.

注： 概率是频率的稳定值，而频率是概率的近似值.

二、古典概型

如果随机试验具有下列特点：

(1) 试验结果的个数是有限的，即基本事件的个数是有限的，如“投掷硬币”试验的结果只有两个，即{正面向上}和{反面向上}；

(2) 每个试验结果出现的可能性相同，即每个基本事件发生的可能性是相同的，如“投掷硬币”试验出现{正面向上}和{反面向上}的可能性都是 0. 5；

(3) 在任一试验中，只能出现一个结果，也就是有限个基本事件是两两互不相容的，如“投掷硬币”试验中出现{正面向上}和{反面向上}是互不相容的.

满足上述条件的试验模型称为古典概型. 下面给出古典概型的概率定义：

定义 2. 2 如果古典概型中的所有基本事件的个数是 n，事件 A 包含的基本事件的个数是 m，则事件 A 的概率为

$$P(A)=\frac{m}{n}=\frac{\text{事件 } A \text{ 包含的基本事件的个数}}{\text{基本事件的总数}}$$

概率的这种定义，称为概率的古典定义.

在古典概型的计算中，首先要弄清样本空间中基本事件总数 n，再计算出事件 A 包含的基

本事件的个数 m，就得 $P(A)=\frac{m}{n}$. 复杂的计算中，要用到排列组合知识①.

例 2 掷一枚均匀硬币，只有两种等可能的结果出现：{正面}或{反面}；$n=2, m=1$，因此 $P(\text{正})=P(\text{反})=\frac{1}{2}$.

再如，掷两枚均匀硬币，有四种等可能的结果出现：{正面，正面}，{反面，反面}，{反面，正面}，{正面，反面}；即 $n=4$，因此 $P(\text{两正})=P(\text{两反})=\frac{1}{4}(m=1)$；$P(\text{一正一反})=\frac{2}{4}=\frac{1}{2}$ $(m=2)$.

例 3 从 0,1,2,…,9 这 10 个数字中任意选取 4 个不同的数字，求 4 个数字中不含 1 和 6 的概率.

解：设事件 $A=\{4$ 个数字中不含 1 和 $6\}$，则从 0,1,2,…,9 这 10 个数字中任意选取 4 个不同的数字，共有 C_{10}^4 种，即样本点总数 $n=C_{10}^4$；4 个数字中不含 1 和 6，是从 0,2,3,4,5,7,8,9 这 8 个数字中取得，共有 $m=C_8^4$，则

$$P(A)=\frac{m}{n}=\frac{C_8^4}{C_{10}^4}=\frac{1}{3}.$$

三、概率的性质

由概率的定义，可以推导出概率的一些重要性质，应用这些性质来计算随机事件的概率，可以起到化繁为简的作用.

性质 1 对任意一事件 A，有 $0\leqslant P(A)\leqslant 1$；

性质 2 $P(U)=1, P(\varnothing)=0$；

性质 3 若 A、B 两事件满足 $A\subset B$，则有 $P(A)\leqslant P(B)$；

性质 4 设 $\bar{A}$ 为 A 的对立事件，则 $P(\bar{A})=1-P(A)$；

性质 5 （加法定理）

设 A、B 为两任意事件，则 $P(A+B)=P(A)+P(B)-P(AB)$；

特别地，若事件 A、B 互不相容，即 $AB=\varnothing$，则 $P(A+B)=P(A)+P(B)$；

推论： 若 A_1、A_2…，A_n 是两两互不相容事件，则 $P(\sum_{i=1}^{n}A_i)=\sum_{i=1}^{n}P(A_i)$.

例 4 一只袋内装白球 10 个，黑球 5 个，从袋中任取 2 个球（不放回），求其中有黑球的概率.

解：设事件 $A=\{2$ 个球中有黑球$\}$. 显然，A 包含下列几种情况：

A_1：2 个球中有 1 个黑球；A_2：2 个球中有 2 个黑球，于是 $A=A_1+A_2$，且 A_1、A_2 互不相容，由性质 5

---

① 排列定义：从 n 个不同元素中，任取 $m(m\leqslant n)$ 个元素，按照一定的顺序排成一列，叫作从 n 个不同元素中任取 m 个元素的一个排列.

排列数定义：从 n 个不同元素中，任取 $m(m\leqslant n)$ 个元素的所有排列的个数 A_n^m，且 $A_n^m=\frac{n!}{(n-m)!}$，规定 $0!=1$.

组合定义：从 n 个不同元素中，任取 $m(m\leqslant n)$ 个元素并成一组，叫作从 n 个不同元素中取出 m 个元素的一个组合.

组合数：从 n 个不同元素中，任取 $m(m\leqslant n)$ 个元素的所有组合数 C_n^m，且 $C_n^m=\frac{n!}{m!\,(n-m)!}$.

得 $P(A)=P(A_1)+P(A_2)=\frac{C_5^1C_{10}^1}{C_{15}^2}+\frac{C_{10}^0C_5^2}{C_{15}^2}=\frac{10}{21}+\frac{2}{21}=\frac{4}{7}$.

或考虑 A 的对立事件 $\bar{A}=\{2$ 个球都是白球$\}$，因 $P(\bar{A})=\frac{C_{10}^2}{C_{15}^2}=\frac{3}{7}$，

故 $P(A)=1-P(\bar{A})=\frac{4}{7}$.

例 5 某公司与甲、乙两厂签订某物资长期供货关系，由以往数据显示，甲厂能按时供货的概率为 0.90，乙厂能按时供货的概率为 0.85，两厂同时供货的概率是 0.80，求至少有一厂能按时供货的概率.

解：设 $A=\{$甲厂按时供货$\}$，$B=\{$乙厂按时供货$\}$，则有 $P(A)=0.90$，$P(B)=0.85$，$P(AB)=0.80$. 于是 $P(A+B)=P(A)+P(B)-P(AB)=0.90+0.85-0.80=0.95$.

即至少有一厂能按时供货的概率为 0.95.

加法定理也可以推广到有限多个事件相加的情形.

如三个随机事件的情形为：

$$P(A+B+C)=P(A)+P(B)+P(C)-P(AB)-P(BC)-P(AC)+P(ABC).$$

例 6 设 A,B,C 表示 3 个随机事件，且 $P(A)=P(B)=P(C)=\frac{1}{4}$，$P(AB)=P(BC)=\frac{1}{16}$，$P(AC)=0$. 求：

(1) A,B,C 中至少有一个发生的概率；

(2) A,B,C 全不发生的概率.

解：设 $D=\{A,B,C$ 中至少有一个发生$\}$，则

$$P(D)=P(A+B+C)=P(A)+P(B)+P(C)-P(AB)-P(BC)-P(AC)+P(ABC)$$
$$=\frac{1}{4}+\frac{1}{4}+\frac{1}{4}-\frac{1}{16}-\frac{1}{16}-0+0=\frac{5}{8};$$

$\bar{D}=\{A,B,C$ 全不发生$\}$，则

$$P(\bar{D})=1-P(D)=1-\frac{5}{8}=\frac{3}{8}.$$

习题 3－2

1. 掷两枚均匀的骰子，求下列事件的概率：

(1)“点数和为 1”；

(2)“点数和为 5”；

(3)“点数和为 12”；

(4)“点数和大于 10”；

(5)“点数和不超过 11”.

2. 从 1，2，…，6 这 6 个数字中，任意选取 3 个不同的数字排成一个三位数，求所得三位数是偶数的概率.

3. 袋中有 7 个白球，3 个红球，从中任取 3 个球，求：

(1)恰好有 1 个红球的概率；

(2)至少有 2 个是白球的概率.

第三节　条件概率与全概率公式

一、条件概率与乘法公式

1. 条件概率

在实际问题中,除了要知道事件 A 的概率 $P(A)$ 以外,有时还需要知道在"事件 B 已发生"的条件下,事件 A 的概率. 像这种在事件 B 发生的条件下事件 A 的概率称为条件概率,记作 $P(A|B)$. 一般情况下,$P(A|B)$ 与 $P(A)$ 是不相等的. 我们通过具体事例加以说明.

例 1　甲、乙两个班级共有学生 100 人,各班级男生数、女生数、总人数的情况如表 3－2 所示.

表 3－2　甲、乙两班级人数情况

	男生数	女生数	总计
甲班级	30	25	55
乙班级	25	20	45
总计	55	45	100

现从 100 人中随机抽取一人,设 $A=\{男生\}$,$B=\{甲班学生\}$,则 $P(A)=\dfrac{55}{100}$,$P(B)=\dfrac{55}{100}$,$P(AB)=\dfrac{30}{100}$.

若已知抽得的是甲班级学生,则抽得的是男生的概率为 $P(A|B)=\dfrac{30}{55}$.

显然
$$P(A|B)\neq P(A).$$

由题意可知
$$P(A|B)=\frac{30}{55}=\frac{30/100}{55/100}=\frac{P(AB)}{P(B)}.$$

由此引出条件概率的定义.

定义 3.1　设 A、B 是随机试验的两个事件,且 $P(B)\neq 0$,则称
$$P(A|B)=\frac{P(AB)}{P(B)}$$
为在事件 B 发生的条件下事件 A 的条件概率.

同理可定义事件 A 发生的条件下事件 B 的条件概率 $P(B|A)=\dfrac{P(AB)}{P(A)}(P(A)\neq 0)$.

例 2　设有一盒产品共有 10 个,其中次品 3 个. 现从中连续取两次,每次任取一个不放回,问第一次取到次品后第二次再取到次品的概率是多少?

解:设 $B=\{第一次取到次品\}$,$A=\{第二次取到次品\}$.

法 1　$P(B)=\dfrac{3}{10}$,$P(AB)=\dfrac{C_3^2}{C_{10}^2}=\dfrac{3}{45}$,所以 $P(A|B)=\dfrac{P(AB)}{P(B)}=\dfrac{3/45}{3/10}=\dfrac{2}{9}$;

法 2　B 发生后,样本空间变为产品共有 9 个,其中次品 2 个,则 $P(A|B)=\dfrac{2}{9}$.

2. 乘法公式

由条件概率的定义可得概率的乘法公式.

乘法公式 设 $P(A)\neq 0$,则有 $P(AB)=P(A)\cdot P(B|A)$.

将 A、B 的位置对换,可得乘法公式的另一种形式

$P(AB)=P(B)\cdot P(A|B) \qquad (P(B)\neq 0)$.

利用乘法公式,可以计算两事件 A、B 同时发生的概率.

例 3 已知 10 件产品中有 2 件次品,无放回地从中抽取 2 次,每次抽取 1 件. 求下列事件的概率:

(1)第一次取到次品且第二次取到正品;

(2)两次都取到正品.

解:设 $A=\{$第一次取到次品$\}$,$B=\{$第二次取到正品$\}$.

(1)因为 $P(A)=\dfrac{2}{10}$,$P(B|A)=\dfrac{8}{9}$,

所以第一次取到次品且第二次取到正品的概率为

$$P(AB)=P(A)\cdot P(B|A)=\frac{2}{10}\cdot\frac{8}{9}\approx 0.1778;$$

(2)$\bar{A}=\{$第一次取到正品$\}$,且 $P(\bar{A})=1-P(A)=\dfrac{8}{10}$,$P(B|\bar{A})=\dfrac{7}{9}$,

所以两次都取到正品的概率为

$$P(\bar{A}B)=P(\bar{A})\cdot P(B|\bar{A})=\frac{8}{10}\cdot\frac{7}{9}\approx 0.6222.$$

二、全概率公式与贝叶斯(Bayes)公式

1. 全概率公式

在实际问题中,往往遇到这种情况:随机试验 E,可能出现 $A_1,A_2,\cdots,A_n$ 个不同的事件,而事件 B 只能伴随某一种情况发生时,求 B 的概率. 先看下面例子:

例 4 设甲袋中有 3 个白球 2 个黑球,乙袋中有 4 个白球 5 个黑球,自甲袋中任取一球放入乙袋,然后再从乙袋中任意取一球. 问从乙袋中取得的球为白球的概率是多少?

解:从甲袋中任取一球放入乙袋,只有两种可能:A_1 为"从甲袋中取得的球为白球",A_2 为"从甲袋中取得的球为黑球". 设 B 为"从乙袋中取得的球为白球". 则有 $A_1\cup A_2=U$,$A_1\cap A_2=\varnothing$,同时 $B=A_1B\cup A_2B$,且 $A_1B\cap A_2B=\varnothing$,因此

$$\begin{aligned}P(B)&=P(A_1B)+P(A_2B)\\&=P(A_1)P(B|A_1)+P(A_2)P(B|A_2)\\&=\frac{3}{5}\cdot\frac{5}{10}+\frac{2}{5}\cdot\frac{4}{10}=\frac{23}{50}.\end{aligned}$$

此计算关键是把 B 划分为若干个互不相容的简单事件之和,再分别计算这些简单事件的概率,最后利用概率的可加性得到 B 的概率. 为了概括其规律,先给出样本空间的划分的定义.

定义 3.2 设 U 为随机试验 E 的样本空间,$A_1,A_2,\cdots,A_n$ 为 E 的一组事件,如果

(1)$A_iA_j=\varnothing(i\neq j)$;

(2)$\bigcup\limits_{i=1}^{n}A_i=U$,

则称 $A_1, A_2, \cdots, A_n$ 为样本空间的一个完备事件组(如下图所示).

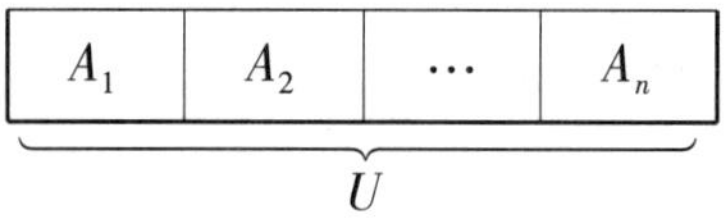

定理 1　设随机试验 E 的样本空间为 U,B 为 E 的事件,$A_1, A_2, \cdots, A_n$ 为 U 的一个完备事件组,且 $P(A_i) > 0 (i = 1, 2, \cdots, n)$,则

$P(B) = \sum_{i=1}^{n} P(A_i)P(B \mid A_i)$ 称为全概率公式.

注:$A_1, A_2, \cdots, A_n$ 不一定等概率.

例 5　某工厂中,机器 A_1、A_2、A_3 分别生产产品总数的 $\frac{1}{2}, \frac{1}{3}, \frac{1}{6}$,它们生产的产品中分别有 2%,3%,4%的次品,将这些产品混在一起,从中随机地抽取一件产品,求它是次品的概率.

解:设 A_i 表示"取到的产品为机器 A_i 所生产"$(i = 1, 2, 3)$,则 A_1, A_2, A_3 为 U 的一个完备事件组,且 $P(A_1) = \frac{1}{2}, P(A_2) = \frac{1}{3}, P(A_3) = \frac{1}{6}$,

事件 $B = \{$产品为次品$\}$,则

$P(B|A_1) = 0.02, P(B|A_2) = 0.03, P(B|A_3) = 0.04$,

于是,由全概率公式得

$$\begin{aligned} P(B) &= \sum_{i=1}^{3} P(A_i)P(B \mid A_i) \\ &= \frac{1}{2} \times 0.02 + \frac{1}{3} \times 0.03 + \frac{1}{6} \times 0.04 \approx 0.027. \end{aligned}$$

说明:如果把样本空间的一个完备事件组看作是 B 出现的各种原因,则 $P(A_i)$ 表示了各原因发生的可能性大小,而 $P(A_i)$ 的确定是在实际问题中由以往数据分析得到的,因而称 $P(A_i)$ 为先验概率. 在此情况下,全概率公式给出了计算 $P(B)$ 的方法.

2. 贝叶斯(Bayes)公式

如果 $A_1, A_2, \cdots, A_n$ 为随机试验 E 的样本空间的一个完备事件组,而事件 B 只能伴随这个完备事件组中之一事件发生. 现在 B 已发生,如何来计算 $P(A_i|B)$? 计算 $P(A_i|B)$ 的公式称为贝叶斯公式,一般称 $P(A_i|B)$ 为后验概率.

定理 2　设 $A_1, A_2, \cdots, A_n$ 为样本空间 U 的一个完备事件组,

且 $P(A_i) > 0 (i = 1, 2, \cdots, n)$. 对于任一事件 B,$P(B) > 0$,则有

$P(A_i \mid B) = \dfrac{P(A_i)P(B \mid A_i)}{\sum_{i=1}^{n} P(A_i)P(B \mid A_i)}$ 称为贝叶斯公式.

例 6　假设某工厂有甲、乙、丙 3 个车间生产同一产品,产品依次占全厂的 45%,35%,20%,若各个车间的次品率依次为 4%,2%,5%,现从待出厂产品中检查出 1 个次品,求该次品是由甲车间生产的概率.

解:设事件 $B = \{$产品为次品$\}$,A_1, A_2, A_3 分别为甲、乙、丙车间生产的产品,显然 A_1, A_2, A_3 为 U 的一个完备事件组. 由题意得

$P(A_1)=45\%, P(A_2)=35\%, P(A_3)=20\%$

$P(B|A_1)=4\%, P(B|A_2)=2\%, P(B|A_3)=5\%$

由贝叶斯公式

$$P(A_1 \mid B)=\frac{P(A_i)P(B \mid A_i)}{\sum_{i=1}^{3} P(A_i)P(B \mid A_i)}=\frac{0.45 \times 0.04}{0.45 \times 0.04+0.35 \times 0.02+0.2 \times 0.05}$$

$$\approx 0.514$$

所以该次品是甲车间的概率是 0.514.

习题 3 - 3

1. 甲、乙是位于某省的两城市，考察这两城市 6 月份降雨情况，以 A、B 分别表示两城市出现雨天这一事件. 据以往记录知 $P(A)=P(B)=0.4$，$P(AB)=0.28$，求 $P(A\cup B)$，$P(A|B)$，$P(B|A)$.

2. 一批零件共 100 个，其中有 10 个次品，每次任取 1 个，取后不放回，求第二次才取到次品的概率.

3. 加工某种零件需要两道工序. 第一道工序出次品的概率是 2%，如果第一道工序出次品则此零件就为次品；如果第一道工序出正品，则第二道工序出次品的概率是 3%，求加工出来的零件是正品的概率.

4. 盒中有 6 个白球 2 个黑球，连续不放回地从中取两次球，每次取一个，求第二次取到白球的概率.

5. 某人从北京去上海，他乘火车、乘船、乘汽车、乘飞机的概率分别是 0.3，0.2，0.1 和 0.4，已知他乘火车、乘船、乘汽车而迟到的概率分别是 0.25，0.3，0.1，而乘飞机不会迟到. 问这个人迟到的可能性有多大？

6. 设某商店由三个厂购进一批灯泡，其中甲厂占 25%，乙厂占 35%，丙厂占 40%. 如果各厂的次品率分别为 5%，4%，2%，试求①消费者买到一个次品灯泡的概率；②如果消费者已经买到一个次品灯泡，是哪个厂出产的可能性大？

第四节　事件的独立性

一、事件的独立性

在条件概率的讨论中，我们发现，一般情况下 $P(A|B)\neq P(A)$. 这说明 B 的发生对 A 的发生是有影响的，即 A、B 是相关的. 只有当 B 的发生对 A 的发生没有影响时，才会有 $P(A|B)=P(A)$，这时 A、B 是无关的. 这就是事件独立性的含义.

定义 4.1　设 A、B 是随机试验的两个事件，如果满足等式

$$P(AB)=P(A)\cdot P(B)$$

则称 A、B 是相互独立的事件.

实际问题中，一般是根据问题的具体情况，按照独立性的直观或经验来判断事件的独立性.

例 1 甲、乙两人考大学，甲考上的概率是 0.6，乙考上的概率是 0.9，问：

(1) 甲乙两人都考上大学的概率是多少？

(2) 甲乙两人中至少一人考上大学的概率是多少？

解： 设 $A=\{$甲考上大学$\}$，$B=\{$乙考上大学$\}$，则 $P(A)=0.6$，$P(B)=0.9$.

(1) 甲乙两人都考上大学的概率是

$$P(AB)=P(A)\cdot P(B)=0.6\times 0.9=0.54;$$

(2) 甲乙两人中至少一人考上大学的概率是

$$\begin{aligned}P(A+B)&=P(A)+P(B)-P(AB)\\&=0.6+0.9-0.54=0.96.\end{aligned}$$

定理 如果事件 A、B 相互独立，则 $\overline{A}$ 与 B，A 与 $\overline{B}$，$\overline{A}$ 与 $\overline{B}$ 亦相互独立.

例 2 已知一批玉米种子出苗率为 0.9，现每穴种两粒，问一粒出苗一粒不出苗的概率是多少？

解： 设两粒种子为甲和乙，且 $A=\{$甲出苗$\}$，$B=\{$乙出苗$\}$. 则 $\overline{A}=\{$甲不出苗$\}$，$\overline{B}=\{$乙不出苗$\}$. 一粒出苗一粒不出苗的概率是

$$\begin{aligned}P(A\overline{B}\cup\overline{A}B)&=P(A\overline{B})+P(\overline{A}B)\\&=P(A)P(\overline{B})+P(\overline{A})P(B)\\&=0.9\times 0.1+0.1\times 0.9=0.18.\end{aligned}$$

两个事件的独立性概念可以推广到有限多个事件独立的情形. 如，设 A_1,A_2,A_3 为 3 个随机事件，若满足：

$$\begin{aligned}P(A_1A_2A_3)&=P(A_1)P(A_2)P(A_3),\\P(A_1A_2)&=P(A_1)P(A_2),\\P(A_1A_3)&=P(A_1)P(A_3),\\P(A_2A_3)&=P(A_2)P(A_3),\end{aligned}$$

则称 A_1,A_2,A_3 相互独立.

例 3 现有 3 门高射炮各自对一敌机发一炮，设它们的命中率分别为 0.2，0.3，0.4，求敌机恰中一炮的概率.

解： 设 $A_i=\{$第 i 门炮击中敌机$\}$，$i=1,2,3$，$B=\{$敌机恰中一炮$\}$，则

$$B=A_1\overline{A_2A_3}\cup\overline{A_1}A_2\overline{A_3}\cup\overline{A_1A_2}A_3,$$

因为 A_1,A_2,A_3 相互独立，$A_1\overline{A_2A_3}$，$\overline{A_1}A_2\overline{A_3}$，$\overline{A_1A_2}A_3$ 互不相容，所以

$$\begin{aligned}P(B)&=P(A_1\overline{A_2A_3})+P(\overline{A_1}A_2\overline{A_3})+P(\overline{A_1A_2}A_3)\\&=P(A_1)P(\overline{A_2})P(\overline{A_3})+P(\overline{A_1})P(A_2)P(\overline{A_3})+P(\overline{A_1})P(\overline{A_2})P(A_3)\\&=0.2\times 0.7\times 0.6+0.8\times 0.3\times 0.6+0.8\times 0.7\times 0.4=0.452.\end{aligned}$$

二、伯努利概型

伯努利概型是指某种特殊的随机试验，在该试验类型下，事件概率有特殊的计算公式.

定义 4.2 将某一试验重复进行 n 次，这 n 次试验满足以下条件：

(1) 每次试验只有两个结果 A，$\overline{A}$，且 $P(A)=p$ 保持不变；

(2) 试验在相同条件下可以重复进行，每次结果之间互不影响，相互独立，

则称这 n 次试验为 n 重伯努利试验，这种数学模型称为伯努利概型.

我们的问题是 n 重伯努利试验中事件 A 发生 k 次的概率是多少？

在 n 重伯努利试验中，事件 A 发生 k 次的概率记作 $P_n(k)$，由于试验的结果是对立的，事件 A 发生 k 次，则在其余 $n-k$ 次试验中不发生的概率为 $p^k(1-p)^{n-k}$. 又因为事件 A 在 n 次试验中出现 k 次，有 C_n^k 种不同形式，按概率加法公式得

$$P_n(k)=C_n^k p^k(1-p)^{n-k}$$

此公式恰好和二项式展开式中的第 $k+1$ 项一样，故此公式也称为二项概型计算公式.

例 4 某种产品的正品率为 95%，现从一大批该产品中抽取 20 个进行检验，问这 20 个产品中恰有 2 个次品的概率是多少？

解：抽取 20 个样品试验，可以看作 $n=20$ 的伯努利试验，$p=1-95\%=5\%$，

因此 20 个该产品中恰有 2 个次品的概率为

$$P_{20}(2)=C_{20}^2(5\%)^2(1-5\%)^{18}\approx 0.189.$$

例 5 某射手每次击中目标的概率是 0.6，现该射手对一目标独立射击 5 次，求：

(1)恰好击中 2 次的概率；(2)至少击中 1 次的概率.

解：因为每次射击都是独立的，所以此问题为 5 重伯努利试验，$p=0.6$，

(1)$P(\text{击中 2 次})=C_5^2(0.6)^2(0.4)^3=0.2304$；

(2)$P(\text{至少击中 1 次})=1-P(\text{击中 0 次})$

$$=1-C_5^0(0.6)^0(0.4)^5=0.98976.$$

习题 3-4

1. 假设有甲乙两批种子，发芽率分别是 0.8 和 0.7，在两批种子中各随机取一粒，求：

(1)两粒都发芽的概率；

(2)至少有一粒发芽的概率；

(3)恰有一粒发芽的概率.

2. 某种产品共 40 件，其中有 3 件次品，现从中任取 2 件，求其中至少有 1 件次品的概率.

3. 10 台设备相互独立同时生产，各设备生产的废品率均为 0.1，10 台设备各生产一个产品，共 10 个，求这 10 个产品中有 2 个废品的概率.

4. 一射手对一目标独立地射击 4 次，若至少命中一次的概率为 80/81，求射手射击一次命中目标的概率.

自测题三

一、选择题

1. 某人射击中，连续射了两次，事件“至少有一次射中”的对立事件是(　　).

(A)至多有一次射中　　(B)两次都射中

(C)两次都没射中　　(D)只有一次射中

2. 随机事件 A 的频率 $\frac{m}{n}$ 满足(　　).

(A)$\frac{m}{n}=0$　　(B)$\frac{m}{n}=1$　　(C)$0<\frac{m}{n}<1$　　(D)$0\leqslant\frac{m}{n}\leqslant 1$

3. 从装有两个红球和两个黑球的口袋内任取两个球，那么互斥而不对立的两个事件是(　　).

(A)“至少有一个黑球”与“都是黑球”

(B)“至少有一个黑球”与“至少有一个红球”

(C)“恰有一个黑球”与“恰有两个黑球”

(D)“至少有一个黑球”与“都是红球”

4. 设 $P(A)=0.8$，$P(B)=0.7$，$P(A|B)=0.8$，则下列结论正确的是(　　).

(A) A 和 B 互斥　　(B) A 和 B 相互独立

(C) $A\subset B$　　(D) $P(A+B)=P(A)+P(B)$

5. 10 把钥匙中有 3 把钥匙能打开门锁，任取 2 把钥匙，设事件 A 表示其中恰好有 1 把钥匙能打开门锁，则概率 $P(A)=$(　　).

(A) $\frac{1}{15}$　　(B) $\frac{7}{15}$　　(C) $\frac{1}{10}$　　(D) $\frac{3}{10}$

二、填空题

6. 下列事件

(1)“抛一石块，下落”；

(2)“在标准大气压下且温度低于 0℃时，冰融化”；

(3)“某人射击一次，中靶”；

(4)“如果 $a>b$，那么 $a-b>0$”；

(5)“掷一枚硬币，出现正面”；

(6)“导体通电后，发热”；

(7)“从分别标有号数 1,2,3,4,5 的 5 张标签中任取一张，得到 4 号签”；

(8)“某电话机在 1 分钟内收到 2 次呼叫”；

(9)“没有水分，种子能发芽”；

(10)“在常温下，焊锡熔化(焊锡熔点为 183℃)”.

其中必然事件是__________；不可能事件是__________；随机事件是__________.

7. 对于任意两个事件 A 和 B，则有 $P(A+B)=$__________.

8. 已知 $P(A)=0.3$，$P(B)=0.4$，$P(A|B)=0.32$，则 $P(AB)=$__________；$P(A+B)=$__________；$P(\overline{AB})=$__________.

9. 已知 $P(A)=0.4$，$P(A+B)=0.7$，若事件 A 和 B 互斥，则 $P(B)=$__________；若事件 A 和 B 相互独立，则 $P(B)=$__________.

10. 某战士打靶命中的概率为 0.5，独立地连续射击三次，则至少命中一次的概率为__________.

三、计算题

11. 从分别写有 A、B、C、D、E 的 5 张卡片中，任取 2 张，这 2 张卡片上的字母恰好是按字母顺序相邻的概率为多少？

12. 一批产品共 200 个，其中废品有 6 个，求：

(1)这批产品的废品率；

(2)任取 3 个恰好有 1 个是废品的概率；

(3)任取 3 个全不是废品的概率.

13. 市场上供应的灯泡中，甲厂产品占 70%，乙厂产品占 30%，甲厂产品的合格率为 95%，乙厂产品的合格率为 80%，问从市场上买到一个灯泡是甲厂生产的合格灯泡的概率是多少？买到一个灯泡是乙厂生产的合格灯泡的概率呢？

14. A 袋中有 2 个白球 1 个黑球，B 袋中有 1 个白球 5 个黑球，现从 A 中任取 1 球放入 B 中，再从 B 中任取 1 球，求此球是白球的概率．

15. 100 张彩票中有 9 张是有奖彩票，甲乙先后各购买一张彩票，问甲、乙两人谁中奖的概率大？

第四章 随机变量及其概率分布

【本章提要】

在上一章中，介绍了随机事件及其概率，为进一步揭示随机现象的规律，本章主要介绍随机变量的概念、两类随机变量的概率分布（或概率密度函数）、分布函数、函数的分布等．

第一节 随机变量

随机变量的概念

在学习随机事件时，我们注意到它的以下特点：在一次试验中是否发生是不确定的；在大量重复试验中发生的规律性是确定的．现在让我们先观察下面 2 个例子．

例 1 设 10 件同类型产品中，有 7 件正品，现任取 2 件，用一个变量 X 表示{2 件中的次品数}．

则：$\{X=0\}$ 表示{取出的 2 件中没有次品}；$\{X=1\}$ 表示{恰好有 1 件次品}；$\{X=2\}$ 表示{恰好有 2 件次品}．于是 $P(X=0)=\dfrac{C_3^0C_7^2}{C_{10}^2}=\dfrac{7}{15}$，$P(X=1)=\dfrac{C_3^1C_7^1}{C_{10}^2}=\dfrac{7}{15}$，$P(X=2)=\dfrac{C_3^2C_7^0}{C_{10}^2}=\dfrac{1}{15}$，

此结果也可以统一写成 $P(X=k)=\dfrac{C_3^kC_7^{2-k}}{C_{10}^2}(k=0,1,2)$．

例 2 一个试验小区有某品种玉米 30 株，最高的一株为 2 米，最矮的一株为 1.3 米，如果随意测量小区中一株玉米的株高．用一个变量 X 表示株高，则 X 随着试验结果的不同而在连续区间 $[1.3,2]$ 上取不同的值．可以看成是定义在样本空间 $U=\{\omega|1.3\leqslant\omega\leqslant2\}$ 上的一个函数，即 $X=X(\omega)$．

上面例子中的 X 取值是随机的，所取的每一个值都相应于某一随机现象，所取的每个值的概率大小是确定的，所以它是一个随机变量．

定义 1.1 设随机试验 E 的样本空间为 U，如果对于每一个样本点 $\omega\in U$，有一个实数 $X(\omega)$ 与之对应，则 $X(\omega)$ 称为随机变量，并简记为 X．随机变量可用英文大写字母 $X,Y,Z,\cdots$（或希腊字母 $\xi,\eta,\zeta,\cdots$）等表示．

随机变量与一般变量区别：随机变量的取值是随机的（试验前只知道它可能取值的范围，但不能确定它取什么值），且取这些值具有一定的概率，比如 X 取值是 0，相应地有概率 $P(X=0)$；一般变量 X 取值是确定的，比如 X 取值是 0，就是 $X=0$．

值得注意的是，用随机变量描述随机现象时，若随机现象比较容易用数量来描述，例如：测量误差的大小、电子管的使用时间、产品的合格数、某一地区的降雨量等，则直接令随机变量 X 为误差、使用时间、合格数、降雨量等即可，而且 X 可能取的值，就是误差、时间、合格数、降雨

量等．实际中常遇到一些似乎与数量无关的随机现象，例如：一台机床在八小时是否发生故障、这次考试是否会及格、某人打靶一次能否打中等．如何用随机变量描述这些随机现象呢？我们来看一个例子．

例 3 某人打靶，一发子弹打中的概率为 p，打不中的概率为 $1-p$，用随机变量描述这个随机现象时，通常规定随机变量

$$X=\begin{cases}1,\text{子弹中靶}\\0,\text{子弹脱靶}\end{cases}$$

当然也可以用其他的实数作为代号，选择时要有利于计算上的方便．

所以，不论对什么样的随机现象，都可以用随机变量来描述．这样对随机现象的研究就更突出了数量这一侧面，就可以更深入、细致地讨论问题．以后会看到，对随机事件的研究完全可以转化为对随机变量的研究．

据随机变量取值的情况，我们可以把随机变量分为两类：离散型随机变量和非离散型随机变量．若随机变量 X 的所有可能取值是可以一一列举出来的（即取值是可列个），则称 X 为离散型随机变量．如例 1、例 3 中的随机变量，它们都是离散型随机变量；若随机变量 X 的所有取值不能一一列举出来，则称 X 为非离散型随机变量．非离散型随机变量的范围很广，其中最重要的是所谓连续型随机变量，它是依照一定的概率规律在数轴上的某个区间上取值的．注意它是依照概率规律取值的，所以在有的区间上概率可能较大，而在有的区间可能较小，甚至为零．例 2 中的随机变量是连续型随机变量．

对一个随机变量不仅要了解它的取值，而且要了解它取值的规律，即取值的概率．通常把 X 取值的概率称为 X 的分布．

习题 4－1

引入适当的随机变量描述下列事件：

进行了 5 次试验，（1）试验成功了一次；（2）试验至少成功一次；（3）至多成功三次．

第二节　离散型随机变量的分布

一、离散型随机变量的概率分布

定义 2.1 若离散型随机变量 X 的所有取值为 $x_1,x_2,\cdots,x_k,\cdots$，且 X 取各个可能值的概率分别为

$$p_k=P(X=x_k)k=1,2,\cdots \tag{4-1}$$

则称式（1）为离散型随机变量 X 的概率分布，简称分布列或分布．离散型随机变量 X 的分布列也可以用表格形式表示：

X	x_1	x_2	$\cdots$	x_k	$\cdots$
p_k	p_1	p_2	$\cdots$	p_k	$\cdots$

这个表称为概率分布表．

如，上一节例 1 中“任取 2 件，2 件中次品数 X 的概率分布表”为

X	0	1	2
p	$\frac{7}{15}$	$\frac{7}{15}$	$\frac{1}{15}$

例 1 掷一枚均匀的色子，设出现的点数为 X，求 X 的分布列．

解：X 的全部可能取值为 1，2，3，4，5，6，且

$$p_k = P(X=k) = \frac{1}{6}, k=1,2,\cdots,6,$$

所以 X 的分布列为

X	1	2	3	4	5	6
p_k	$\frac{1}{6}$	$\frac{1}{6}$	$\frac{1}{6}$	$\frac{1}{6}$	$\frac{1}{6}$	$\frac{1}{6}$

由概率的定义，显然 p_k 满足下列两个性质：

性质 1 $p_k \geqslant 0 (k=1,2,\cdots)$；

性质 2 $\sum_{k=1}^{\infty} p_k = 1$.

例 2 某一射手射击所得的环数 X 分布列如下：

X	4	5	6	7	8	9	10
P	0.02	0.04	0.06	0.09	α	0.29	0.22

求：(1)常数 α；

(2)射手射击一次命中环数 $X \geqslant 7$ 的概率．

解：(1)由 $\sum_{k=1}^{\infty} p_k = 1$ 得 $0.02+0.04+0.06+0.09+\alpha+0.29+0.22=1$

所以 $\alpha=0.28$；

(2)"射手射击一次命中环数 $X\geqslant 7$"是互斥事件"$X=7$"，"$X=8$"，"$X=9$"，"$X=10$"的和，根据互斥事件的概率加法公式得

$$\begin{aligned} P(X\geqslant 7) &= P(X=7)+P(X=8)+P(X=9)+P(X=10) \\ &= 0.09+0.28+0.29+0.22=0.88 \end{aligned}$$

注：一般地，离散型随机变量在某一范围内取值的概率等于它取这个范围内各个值的概率之和．

二、常见离散型随机变量的概率分布

1. 两点分布

如果随机变量 X 只可能取 0 和 1 两个值，其概率分布为

$$P(X=1)=p, P(X=0)=1-p (0<p<1),$$

则称 X 服从两点分布，或称 X 具有两点分布，记作 $X \sim (0,1)$．两点分布也称为 0—1 分布．

如果一个试验，其结果只有两个，则可以用两点分布来描述．

例 3 设一个口袋中有 3 个红球和 7 个白球，现从中随机摸一个球，如果每个球被摸的机会相等，并且用"1"表示摸到红球，用"0"表示摸到白球，则随机摸到一球所取得值 X 是一个离

散型随机变量,可以表示为两点分布,即 $X=\begin{cases}1,\text{摸到红球}\\0,\text{摸到白球}\end{cases}$

其概率分布为$P(X=1)=\dfrac{C_3^1}{C_{10}^1}=\dfrac{3}{10}$

$$P(X=0)=\frac{C_7^1}{C_{10}^1}=\frac{7}{10}.$$

2. 二项分布

如果随机变量 X 的概率分布为

$$p_k=P(X=k)=C_n^k p^k q^{n-k},(k=0,1,2,\cdots,n;0<p<1;q=1-p)$$

则称 X 服从参数为 n、p 的二项分布,并记作 $X\sim B(n,p)$.

特殊情形,当 $n=1$ 时,则二项分布变为

$$P(X=k)=p^k q^{1-k}(k=0,1)$$

即 $$P(X=1)=p,P(X=0)=q,$$

这是两点分布. 因此两点分布可以看成是二项分布的特殊情形.

例 4 有一批蛋,其孵出率为 0.9,现在该批种蛋中任取 10 只进行孵化,试求孵出 8 只小鸡的概率.

解:对每只种蛋进行孵化可以看作一次试验,又每只种蛋是否孵出小鸡是互不影响的,所以任取 10 只进行孵化即进行了 10 次互相独立的试验. 又每次试验的结果只有两种可能,即孵出和不孵出,所以是伯努利试验. 以 X 表示孵出小鸡的只数,则 X 是随机变量,且 $X\sim B(10,0.9)$,则孵出 8 只小鸡的概率为

$$P(X=8)=C_{10}^8 p^8 q^{10-8}=45\cdot(0.9)^8\cdot(0.1)^2\approx 0.1937.$$

3. 泊松分布

如果随机变量 X 所有可能取得值是 0,1,2,…,且其概率为

$$P(X=k)=\frac{\lambda^k e^{-\lambda}}{k!}(k=0,1,2,\cdots,\lambda>0)$$

则称 X 服从参数为 λ($\lambda>0$ 且为常数)的泊松分布,记作 $X\sim P(\lambda)$.

实际中,很多随机变量都服从泊松分布. 例如:在确定的时间段内通过某十字路口的车辆数、容器内的细菌数、一段时间内交换台电话被呼叫的次数、公交汽车站来到的乘客数,等等,都是服从泊松分布的.

例 5 某电话交换台每分钟接到的呼叫次数 X 为随机变量,设 $X\sim P(4)$,求:

(1)每分钟呼叫恰为 8 次的概率;

(2)每分钟呼叫不超过 1 次的概率.

解:(1)$P(X=8)=\dfrac{4^8}{8!}e^{-4}\approx 0.0298$;

(2)$P(X\leqslant 1)=P(X=0)+P(X=1)=\dfrac{4^0}{0!}e^{-4}+\dfrac{4^1}{1!}e^{-4}\approx 0.092.$

注:当 n 很大,p 很小时(一般 $n>10,p<0.1$),二项分布概率公式计算较麻烦,可以用泊松分布近似计算,且 $\lambda=np$,$C_n^k p^k(1-p)^{n-k}\approx\dfrac{\lambda^k}{k!}e^{-\lambda}$.

例 6 有一繁忙的汽车站,每天有大量的汽车经过. 设每辆汽车在一天的某时段内出事故的概率为 0.0001. 在某天的该时段内有 1000 辆汽车经过,求出事故的次数不少于 2

的概率．

解：以 X 表示出事故的次数，则 X 是随机变量，且 $X \sim B(1000, 0.0001)$，若用二项分布计算，则由于试验次数较多，计算较繁，故用泊松分布计算：$n=1000$，$p=0.0001$，则 $\lambda = np = 0.1$，于是

$$P(X \geqslant 2) = 1 - P(X=0) - P(X=1) = 1 - \frac{0.1^0}{0!}e^{-0.1} - \frac{0.1^1}{1!}e^{-0.1} \approx 0.0047.$$

习题 4－2

1．判断下列各表是否能作为离散型随机变量的分布列？为什么？

（1）

X	-1	0	1
p	0.5	0.2	0.3

（2）

X	1	3	5
p	0.3	0.3	0.3

2．设一随机变量 X 只可能取 1，2，3，4 这四个数，且取这 4 个数的概率分别为 $\frac{1}{2a}$，$\frac{3}{4a}$，$\frac{5}{8a}$，$\frac{7}{16a}$，求常数 a．

3．将一枚一元硬币连掷 2 次，如果出现菊花面数的和记为 X，试写出 X 的概率分布列．

4．已知 X 服从泊松分布，且 $P(X=2)=P(X=3)$，求 $P(X=5)$．

5．设某射手每次击中目标的概率是 0.9，现连续射击 30 次．

求："击中目标次数 X"的概率分布．

第三节　随机变量的分布函数

一、分布函数的概念

对于离散型随机变量 X，其分布列能够完全刻画其特性，利用分布列也可以得到我们所要解决的问题，如计算 $\{X>a\}$，$\{X \leqslant b\}$，$\{a \leqslant X \leqslant b\}$ 等事件的概率．但对于非离散型的随机变量，如连续型，就不能用分布列来描述．于是为了使随机变量的描述方法统一，下面引入分布函数的概念．

定义 3.1　设 X 是一个随机变量，x 为任意的实数，则称函数 $F(x)=P(X \leqslant x)$（$-\infty < x < +\infty$）为随机变量 X 的分布函数（或称为累积分布函数），记作 $F_X(x)$．

根据定义，显然对于任意实数 a，b（$a<b$），有

$$P(a < X \leqslant b) = P(X \leqslant b) - P(X \leqslant a) = F(b) - F(a)$$

这说明，若知道了随机变量 X 的分布函数，我们就可以求出 X 落在任何区间 $(a, b]$ 上的概率．

例 1 设随机变量 X 的分布列为

X	0	1	2	3
P	0	$\frac{1}{6}$	$\frac{1}{3}$	$\frac{1}{2}$

求(1) X 的分布函数 $F(x)$；

(2) $P(X\leqslant\frac{3}{2})$、$P(2<X\leqslant\frac{5}{2})$ 和 $P(2\leqslant X\leqslant\frac{5}{2})$.

解：(1)当 $x<0$ 时，因为事件 $\{X\leqslant x\}=\varnothing$，所以 $F(x)=0$；

当 $0\leqslant x<1$ 时，有

$$F(x)=P(X\leqslant x)=P(X=0)=0;$$

当 $1\leqslant x<2$ 时，有

$$F(x)=P(X\leqslant x)=P(X=0)+P(X=1)=0+\frac{1}{6}=\frac{1}{6};$$

当 $2\leqslant x<3$ 时，有

$$F(x)=P(X\leqslant x)=P(X=0)+P(X=1)+P(X=2)=0+\frac{1}{6}+\frac{1}{3}=\frac{1}{2};$$

当 $x\geqslant3$ 时，有

$$F(x)=P(X\leqslant x)=P(X=0)+P(X=1)+P(X=2)+P(X=3)=0+\frac{1}{6}+\frac{1}{3}+\frac{1}{2}=1;$$

所以，分布函数为

$$F(x)=P(X\leqslant x)=\begin{cases}0 & x<1\\ \frac{1}{6} & 1\leqslant x<2\\ \frac{1}{2} & 2\leqslant x<3\\ 1 & x\geqslant3\end{cases}$$

(2) $P(X\leqslant\frac{3}{2})=P(X=0)+P(X=1)=\frac{1}{6}$，$P(2<X\leqslant\frac{5}{2})=0$，

$$P(2\leqslant X\leqslant\frac{5}{2})=P(X=2)=\frac{1}{3}.$$

一般地，对于离散型随机变量 X，若它的概率分布是 $p_k=P(X=x_k)(k=1,2,\cdots)$，则 X 的分布函数为

$$F(x)=P(X\leqslant x)=\sum_{x_k\leqslant x}p_k,$$

其中 $\sum$ 是对所有 $x_k\leqslant x$ 的 k 求和，即分布函数是一种累积概率，且分布函数 $F(x)$ 在 $x=x_k(k=1,2,\cdots)$ 处间断，有有限跳跃度，跳跃值为 $p_k=P(X=x_k)$.

二、分布函数的性质

分布函数 $F(x)$ 具有如下性质：

性质 1 $F(x)$ 是 x 的非减函数；

性质 2 $0\leqslant F(x)\leqslant1(-\infty<x<+\infty)$；

性质 3　$F(-\infty)=\lim\limits_{x\to-\infty}F(x)=0, F(+\infty)=\lim\limits_{x\to+\infty}F(x)=1.$

证明从略.

例 2　设随机变量 X 的分布函数为 $F(x)=A+B\arctan x$,求常数 A,B.

解:因为分布函数 $F(x)$ 满足 $F(-\infty)=\lim\limits_{x\to-\infty}F(x)=0, F(+\infty)=\lim\limits_{x\to+\infty}F(x)=1$,

所以
$$\lim_{x\to-\infty}(A+B\arctan x)=A-\frac{\pi}{2}B=0$$
$$\lim_{x\to+\infty}(A+B\arctan x)=A+\frac{\pi}{2}B=1$$

得
$$A=\frac{1}{2}, B=\frac{1}{\pi}.$$

结论:已知随机变量 X 的分布函数 $F(x)$,可以求下列事件的概率:

(1)$P(X\leqslant b)=F(b)$;

(2)$P(a<X\leqslant b)=F(b)-F(a)$,其中 $a<b$;

(3)$P(X>b)=1-P(X\leqslant b)=1-F(b)$.

例 3　设随机变量 X 的分布函数

$$F(x)=\begin{cases}0, & x<0\\ \dfrac{x}{3}, & 0\leqslant x<1\\ \dfrac{x}{2}, & 1\leqslant x<2\\ 1, & x\geqslant 2\end{cases},$$

求:(1)$P(X\leqslant\frac{1}{2})$;(2)$P(\frac{1}{3}<X\leqslant 1)$;(3)$P(X>\frac{3}{2})$.

解:(1)$P(X\leqslant\frac{1}{2})=F(\frac{1}{2})=\frac{1}{3}\times\frac{1}{2}=\frac{1}{6}$;

(2)$P(\frac{1}{3}<X\leqslant 1)=F(1)-F(\frac{1}{3})=\frac{1}{2}-\frac{1}{3}\times\frac{1}{3}=\frac{7}{18}$;

(3)$P(X>\frac{2}{3})=1-P(X\leqslant\frac{3}{2})=1-F(\frac{3}{2})=1-\frac{1}{2}\times\frac{3}{2}=\frac{1}{4}$.

习题 4－3

1. 设随机变量 X 服从二点分布 $P(X=1)=p, P(X=0)=1-p$,求分布函数 $F(x)$.

2. 设离散型随机变量 X 的分布列为

X	-1	2	3
P	0.2	0.5	0.3

求 X 的分布函数及 $P(0.5<X\leqslant 2.5)$.

3. 有一袋内装有 5 个相同的球,分别标有号码 1、2、3、4、5,从中任取三个,令 X 表示三个球中的最大号码数,试求:

(1)X 的概率分布;

(2) X 的分布函数；

(3) $P(X\leqslant 2)$；

(4) $P(3<X\leqslant 5)$.

第四节　连续型随机变量的概率密度

一、连续型随机变量的分布

连续型随机变量的特点是它可能取得值是某个区间所有值．从实践中人们发现连续型随机变量落在某一区间 $[a,b]$ 的概率，可以用一个函数在该区间的定积分来表示．由此引入下面的概念．

定义 4.1　如果随机变量 X 的分布函数为 $F(x)$，存在函数 $f(x)\geqslant 0(-\infty<x<\infty)$，使得对于任意实数 x 有

$$F(x)=P(X\leqslant x)=\int_{-\infty}^{x}f(t)\,\mathrm{d}t$$

则称 X 为连续型随机变量，其中函数 $f(x)$ 称为 X 的概率密度函数（简称概率密度）.

由定义可知，概率密度有下列性质：

性质 1　$f(x)\geqslant 0$（因为概率不能小于 0）

该性质说明，$y=f(x)$ 的曲线位于 x 轴及其上方；

性质 2　$\int_{-\infty}^{+\infty}f(x)\,\mathrm{d}x=1$

该性质说明，$y=f(x)$ 与 x 轴之间的平面图形的面积等于 1；

性质 3　$P(a<X\leqslant b)=F(b)-F(a)=\int_{a}^{b}f(x)\,\mathrm{d}x$

该性质说明，随机变量 X 落在区间 $(a,b]$ 上的概率 $P(a<X\leqslant b)$ 等于区间 $(a,b]$ 上曲线 $y=f(x)$ 下曲边梯形的面积；

性质 4　若函数 $f(x)$ 在点 x 处连续，则 $F'(x)=f(x)$；

性质 5　$P(X=a)=0$

该性质说明，连续型随机变量在任意一点处的概率都是 0.

根据性质 5，显然有

$$P(a<X<b)=P(a<X\leqslant b)=P(a\leqslant X<b)=P(a\leqslant X\leqslant b)=\int_{a}^{b}f(x)\,\mathrm{d}x$$

因此，讨论连续型随机变量 X 落在某一区间的概率时，可以不必区分区间端点的开闭情况．

例 1　设随机变量 X 的概率密度函数是

$$f(x)=\begin{cases}\dfrac{1}{b-a} & a\leqslant x\leqslant b\\ 0 & \text{其他}\end{cases}$$

求：X 的分布函数 $F(x)$.

解：由分布函数定义

$$F(x)=P(X\leqslant x)=\int_{-\infty}^{x}f(t)\,\mathrm{d}t$$

所以当 $x<a$ 时，$f(x)=0$，则 $F(x)=0$；

当 $a\leqslant x<b$ 时，$f(x)=\dfrac{1}{b-a}$，则 $F(x)=\int_{-\infty}^{x}f(t)\mathrm{d}t=\int_{a}^{x}\dfrac{1}{b-a}\mathrm{d}t=\dfrac{x-a}{b-a}$；

当 $x\geqslant b$ 时，$f(x)=0$，则

$$F(x)=\int_{-\infty}^{x}f(t)\mathrm{d}t=\int_{-\infty}^{a}0\mathrm{d}t+\int_{a}^{b}\frac{1}{b-a}\mathrm{d}t+\int_{b}^{x}0\mathrm{d}t=1,$$

所以，分布函数为

$$F(x)=P(X\leqslant x)=\begin{cases}0 & x<a\\ \dfrac{x-a}{b-a} & a\leqslant x<b.\\ 1 & x\geqslant b\end{cases}$$

例 2 设随机变量 X 的概率密度函数是

$$f(x)=\begin{cases}0 & x<0\\ c\mathrm{e}^{-2x} & x\geqslant 0\end{cases}$$

试求(1)常数 c；

(2)X 落在区间$(1,1.5)$的概率.

解：(1)由概率密度函数的性质，可得

$$\int_{-\infty}^{+\infty}f(x)\mathrm{d}x=\int_{0}^{+\infty}c\mathrm{e}^{-2x}\mathrm{d}x=1\text{，得 }c=2$$

所以，X 的概率密度函数是 $f(x)=\begin{cases}0 & x<0\\ 2\mathrm{e}^{-2x} & x\geqslant 0\end{cases}$；

(2) $P(1<X<1.5)=\int_{1}^{1.5}2\mathrm{e}^{-2x}\mathrm{d}x=\mathrm{e}^{-2}-\mathrm{e}^{-3}\approx 0.086.$

例 3 若函数 $f(x)=\begin{cases}x & 0\leqslant x<1\\ 2-x & 1\leqslant x\leqslant 2,\\ 0 & \text{其他}\end{cases}$

(1)验证它是某个随机变量 X 的概率密度函数；

(2)求 $P(X\leqslant 1.5)$.

解：(1)显然 $f(x)\geqslant 0$；又 $\int_{-\infty}^{+\infty}f(x)\mathrm{d}x=\int_{0}^{1}x\mathrm{d}x+\int_{1}^{2}(2-x)\mathrm{d}x=1$，所以该函数是某个随机变量 X 的概率密度函数；

(2) $P(X\leqslant 1.5)=\int_{-\infty}^{1.5}f(x)\mathrm{d}x=\int_{0}^{1}x\mathrm{d}x+\int_{1}^{1.5}(2-x)\mathrm{d}x=0.875.$

例 4 设随机变量 X 的分布函数是 $F(x)=\begin{cases}0 & x<0\\ Ax^2 & 0\leqslant x\leqslant 1,\\ 1 & x>1\end{cases}$

求(1)$f(x)$； (2)$P(0.3<X\leqslant 0.7)$.

解：(1)因为 $f(x)=F'(x)=\begin{cases}2Ax & 0\leqslant x\leqslant 1\\ 0 & \text{其他}\end{cases}$，

由概率密度函数的性质，可得

$$\int_{-\infty}^{+\infty}f(x)\mathrm{d}x=\int_{0}^{1}2Ax\mathrm{d}x=1\text{，得 }A=1$$

所以 $$f(x)=\begin{cases}2x & 0\leqslant x\leqslant 1\\ 0 & 其他\end{cases};$$

(2) $P(0.3<X\leqslant 0.7)=F(0.7)-F(0.3)=0.7^2-0.3^2=0.4.$

二、常见连续型随机变量的分布

1. 均匀分布

如果连续型随机变量 X 的概率密度函数是

$$f(x)=\begin{cases}\dfrac{1}{b-a} & a\leqslant x\leqslant b\\ 0 & 其他\end{cases},$$

则称 X 服从区间 $[a,b]$ 上的均匀分布,记作 $X\sim U(a,b)$. 显然 $f(x)\geqslant 0$,且 $\int_a^b \frac{1}{b-a}\mathrm{d}x=1$.

均匀分布的分布函数为

$$F(x)=\begin{cases}0 & x<a\\ \dfrac{x-a}{b-a} & a\leqslant x\leqslant b.\\ 1 & x\geqslant b\end{cases}$$

例 5 某公交汽车站台每隔 6 分钟有一辆公交车通过,乘客在 6 分钟内任何一时刻上车的可能性是相等的,求乘客等车时间不超过 3 分钟的概率.

解: 设 X 为乘客的等车时间,则 $X\sim U(0,6)$,其概率密度函数为

$$f(x)=\begin{cases}\dfrac{1}{6} & 0\leqslant x\leqslant 6\\ 0 & 其他\end{cases},$$

所以 $$P(0\leqslant X\leqslant 3)=\int_0^3 \frac{1}{6}\mathrm{d}x=\frac{1}{2}.$$

2. 指数分布

如果连续型随机变量 X 的概率密度函数是 $f(x)=\begin{cases}\lambda \mathrm{e}^{-\lambda x} & x\geqslant 0\\ 0 & x<0\end{cases}$,

则称 X 服从参数为 $\lambda(\lambda>0)$ 的指数分布,记作 $X\sim E(\lambda)$. 显然,$f(x)\geqslant 0$,且 $\int_0^{+\infty} f(x)\mathrm{d}x=1$.

指数分布的分布函数为

$$F(x)=\begin{cases}1-\mathrm{e}^{-\lambda x} & x\geqslant 0\\ 0 & x<0\end{cases}.$$

3. 正态分布

如果连续型随机变量 X 的概率密度函数是

$$f(x)=\frac{1}{\sigma\sqrt{2\pi}}\mathrm{e}^{-\frac{1}{2\sigma^2}(x-\mu)^2}\quad(-\infty<x<+\infty),$$

则称 X 服从正态分布,记作 $X\sim N(\mu,\sigma^2)$,其中 $\mu,\sigma(-\infty<\mu<+\infty,\sigma>0)$ 是两个常数,称为参数. 显然 $f(x)\geqslant 0$,且 $\int_{-\infty}^{+\infty} f(x)\mathrm{d}x=1$.

正态分布概率密度函数 $f(x)$ 的图像如图 4－1 所示，为对称的山状曲线，称为正态曲线．

函数 $f(x)$ 的图像具有如下性质：

(1) $f(x)$ 关于 $x=\mu$ 对称；

(2) $f(x)$ 在 $x=\mu$ 处达到最大，最大值为 $\dfrac{1}{\sigma\sqrt{2\pi}}$；

(3) $f(x)$ 在 $x=\mu\pm\sigma$ 处曲线有 2 个拐点，且以 x 轴为水平渐近线；

(4) 参数 μ、σ 的几何意义：μ 为曲线中心位置的横坐标；σ 表示曲线的陡峭程度，σ 越大，曲线越平坦，σ 越小曲线越陡．

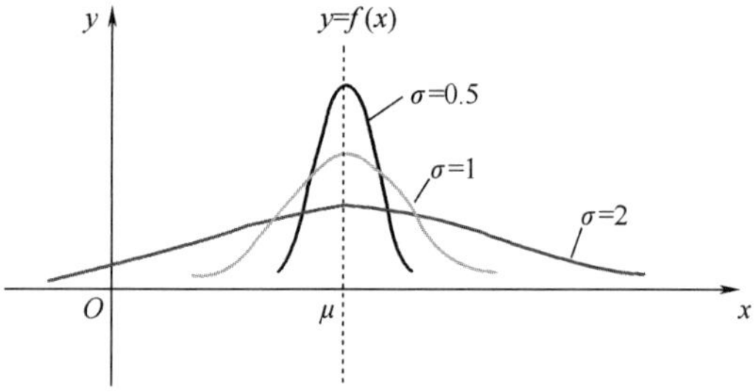

正态分布

图 4－1

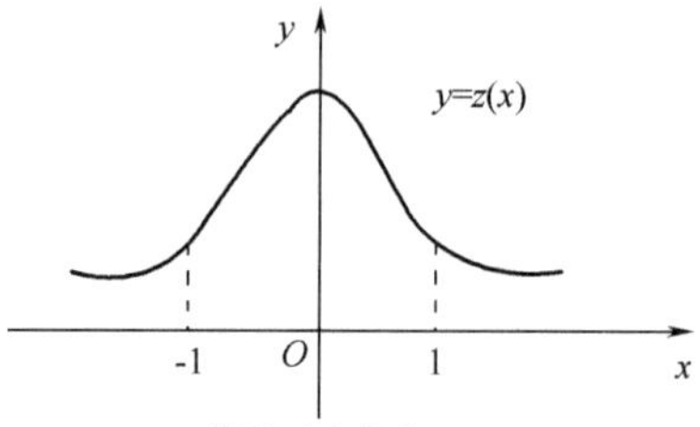

标准正态分布

图 4－2

若正态分布 $N(\mu,\sigma^2)$ 中的两个参数 $\mu=0,\sigma=1$ 时，称 X 服从标准正态分布，记作 $X\sim N(0,1)$．标准正态分布的图形关于 y 轴对称，见图 4－2．

通常用 $z(x)$ 与 $Z(x)$ 表示服从标准正态分布随机变量的密度函数与分布函数，即

$$z(x)=\frac{1}{\sqrt{2\pi}}e^{-\frac{x^2}{2}}\quad(-\infty<x<+\infty),$$

$$Z(x)=P(X\leqslant x)=\int_{-\infty}^{x}z(t)\,dt=\int_{-\infty}^{x}\frac{1}{\sqrt{2\pi}}e^{-\frac{t^2}{2}}dt$$

这说明：若随机变量 $X\sim N(0,1)$，则 $P(X\leqslant x)$ 等于标准正态概率密度曲线下小于 x 的区域面积，如图 4－3 所示的阴影部分的面积，从而得 $P(a<x\leqslant b)$ 为

$$P(a<x\leqslant b)=\int_{a}^{b}\frac{1}{\sqrt{2\pi}}e^{-\frac{t^2}{2}}dt=Z(b)-Z(a).$$

由于 $z(x)$ 是偶函数（如图 4－4），易知

$Z(-x)=1-Z(x)$ 或 $Z(x)=1-Z(-x)$，所以 $Z(0)=0.5$．

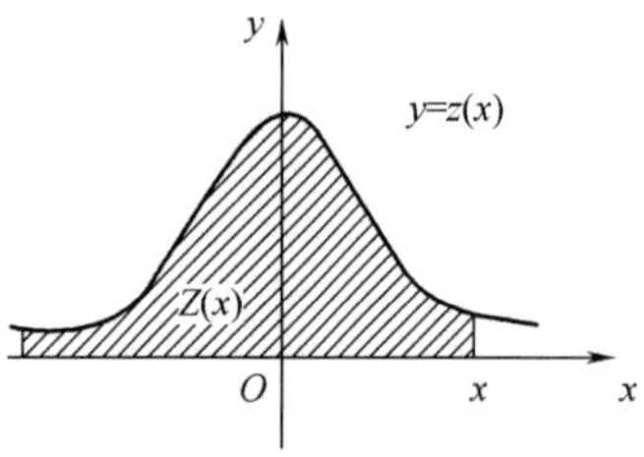

Z(x)　　　I

图 4－3

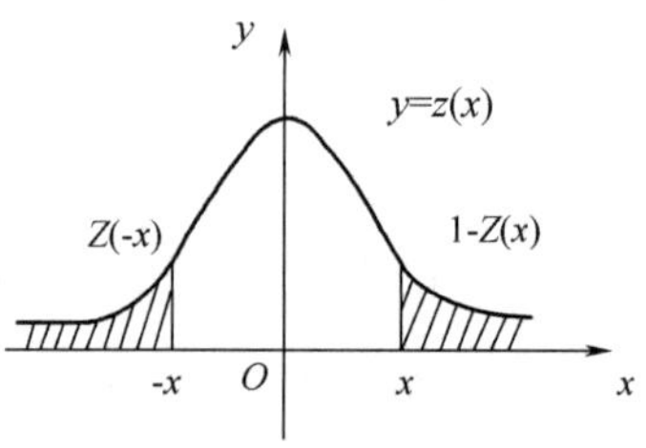

Z(-x)的含义

图 4－4

其他分布函数的值可以用附表1(标准正态分布表)查得.

正态分布是一个比较重要的分布,在数理统计中占有重要的地位,这一方面是因为自然现象和社会现象中,大量的随机变量如:测量误差、灯泡寿命、农作物的收获量、人的身高与体重、射击时弹着点与靶心的距离等都可以认为服从正态分布. 另一方面,只要某个随机变量是大量相互独立的随机因素的和,而且每个因素的个别影响都很微小,那么这个随机变量也可以认为服从或近似服从正态分布.

正态分布的概率计算经常被用到,若它是标准正态分布 $N(0,1)$,可直接查附表1得到. 若为一般正态分布,则要经过标准化变换,化为标准正态分布进行计算. 下面我们直接给出一个重要定理,再举例说明如何计算.

定理 设随机变量 $X \sim N(\mu,\sigma^2)$,令 $Y=\dfrac{X-\mu}{\sigma}$,则随机变量 $Y \sim N(0,1)$.

例6 设 $X \sim N(1,0.2^2)$,求 $P(X<1.2)$ 及 $P(0.7 \leqslant X<1.1)$.

解:令 $Y=\dfrac{X-\mu}{\sigma}=\dfrac{X-1}{0.2}$,则 $Y \sim N(0,1)$,于是

$$P(X<1.2)=P\left(Y<\frac{1.2-1}{0.2}\right)=P(Y<1)=Z(1)=0.8413;$$

$$P(0.7 \leqslant X<1.1)=P\left(\frac{0.7-1}{0.2} \leqslant Y<\frac{1.1-1}{0.2}\right)$$

$$=P(-1.5 \leqslant Y<0.5)=Z(0.5)-Z(-1.5)$$

$$=Z(0.5)+Z(1.5)-1=0.6915+0.9332-1=0.6247$$

例7 已知某车间工人完成某道工序的时间 X 服从正态分布 $X \sim N(10,3^2)$,

求:(1)从该车间工人中任选一人,其完成该道工序的时间不到7分钟的概率;

(2)为了保证生产连续进行,要求以95%的概率保证该道工序上工人完成工作时间不多于15分钟,这一要求能否得到保证?

解:因 $X \sim N(10,3^2)$,则 $Y=\dfrac{X-\mu}{\sigma}=\dfrac{X-10}{3} \sim N(0.1)$,

(1) $P(X<7)=P\left(Y<\dfrac{7-10}{3}\right)=P(Y<-1)=Z(-1)=1-Z(1)=1-0.8413=0.1587$,

即从该车间工人中任选一人,其完成该道工序的时间不到7分钟的概率为0.1587;

(2) $P(X \leqslant 15)=P\left(Y \leqslant \dfrac{15-10}{3}\right)=P(Y \leqslant 1.67)=Z(1.67)=0.9525>0.95$,

即该道工序可以95%的概率保证工人完成工作时间不多于15分钟,因此可以保证生产连续进行.

下面简单介绍一下实际中经常用到的正态分布的 3σ 原则.

由标准正态分布的查表计算,可以求得当随机变量 $X \sim N(0,1)$ 时:

$$P(|X|<1)=P(-1<X<1)=Z(1)-Z(-1)=2Z(1)-1=0.6826;$$

$$P(|X|<2)=P(-2<X<2)=Z(2)-Z(-2)=2Z(2)-1=0.9544;$$

$$P(|X|<3)=P(-3<X<3)=Z(3)-Z(-3)=2Z(3)-1=0.9974.$$

可见,X 的取值绝大部分(99.74%)落在区间$(-3,3)$内,将该结论推广到一般的正态分布,即随机变量 $X \sim N(\mu,\sigma^2)$,就有

$$P(|X-\mu|<\sigma)=0.6826;$$
$$P(|X-\mu|<2\sigma)=0.9544;$$
$$P(|X-\mu|<3\sigma)=0.9974;$$

显然，随机变量 $X\sim N(\mu,\sigma^2)$ 时，X 的取值绝大部分（99.74%）落在区间 $(\mu-3\sigma,\mu+3\sigma)$ 内，这就是通常所说的 3σ 原则.

习题 4-4

1. 设随机变量 X 的概率密度为 $f(x)=\begin{cases}a\mathrm{e}^{-x} & x\geqslant 0\\ 0 & x<0\end{cases}$，

求：(1) 常数 a；(2) 分布函数 $F(x)$.

2. 设随机变量 X 的概率密度为 $f(x)=\begin{cases}x & 0\leqslant x<1\\ 2-x & 1\leqslant x<2\\ 0 & \text{其他}\end{cases}$，

求：随机变量 X 的分布函数.

3. 设随机变量 X 的概率密度为 $f(x)=\begin{cases}kx & 0\leqslant x\leqslant 1\\ 0 & \text{其他}\end{cases}$，

求：(1) 常数 k；(2) $P(0.3<X<0.7)$，$P(X\leqslant 0.5)$.

4. 设随机变量 X 服从标准正态分布 $N(0,1)$，求：

(1) $P(0<X<1.90)$；(2) $P(-1.83<X<0)$；(3) $P(|X|<1)$；(4) $P(X>-1.77)$.

5. 设随机变量 X 服从正态分布 $N(3,16)$，求：

(1) $P(4\leqslant X\leqslant 8)$；(2) $P(0<X<5)$.

第五节　随机变量函数的概率分布

设 $y=f(x)$ 是 x 的函数，X 为随机变量，则它的函数 $Y=f(X)$ 也是一个随机变量，且当 $X=x$ 时，$Y=y$. 即实际问题中，计算随机变量函数的分布情况. 下面分两种情形，通过一些具体的例子来讨论处理这类问题的基本方法.

一、离散型随机变量

如果 X 是离散型的，则 $Y=f(X)$ 也是离散型随机变量，且它的分布可以直接求出.

设 X 的概率分布为

X	x_1	x_2	$\cdots$	x_k	$\cdots$
p_k	p_1	p_2	$\cdots$	p_k	$\cdots$

且 $y_k=f(x_k)$ $(k=1,2,\cdots)$，如果 $y_k(k=1,2,\cdots)$ 的值全不相等，则 $Y=f(X)$ 的分布列是

Y	$f(x_1)$	$f(x_2)$	$\cdots$	$f(x_k)$	$\cdots$
p_k	p_1	p_2	$\cdots$	p_k	$\cdots$

如果 $y_k(k=1,2,\cdots)$ 中有相等的，则把相等的值合并起来，同时把对应的概率相加，即得随机变量 Y 的分布列.

例 1 已知随机变量 X 的分布列是

X	-1	0	1	2
p_k	0.2	0.3	0.4	k

求(1)参数 k;

(2) $Y_1=2X-1$ 和 $Y_2=X^2$ 的概率分布.

解:(1)根据分布列的性质可得:

$$0.2+0.3+0.4+k=1,\text{所以 } k=0.1;$$

(2)当 $Y_1=2X-1$ 时,有 $f(-1)=-3, f(0)=-1, f(1)=1, f(2)=3$,则 Y_1 的分布列为

Y_1	-3	-1	1	3
p_k	0.2	0.3	0.4	0.1

同理,当 $Y_2=X^2$ 时,有 $f(-1)=f(1)=1, f(0)=0, f(2)=4$,

则 Y_2 的分布列为

Y_2	0	1	4
p_k	0.3	0.6	0.1

例 2 设随机变量 $X\sim B(3,0.4)$,且 $Y=\dfrac{X(3-X)}{2}$,求 $P(Y=1)$.

解:$Y=1$ 时,$X=1$ 或 2,则

$$P(Y=1)=P(X=1)+P(X=2)$$
$$C_3^1(0.4)^1(0.6)^2+C_3^2(0.4)^2(0.6)^1=0.72.$$

二、连续型随机变量

若 X 是连续型随机变量,且已知 X 的分布密度函数是 $f_X(x)$,$g(x)$ 为连续函数,求 $Y=g(X)$ 的分布,下面以线性函数进行分析:

设 $Y=g(X)$ 是关于 X 的线性函数,如 $Y=aX+b(a>0)$,求 Y 的概率分布.

设 $Y=aX+b$ 的分布函数与密度函数分别为 $F_Y(y)$,$f_Y(y)$,则

$$F_Y(y)=P(Y\leqslant y)=P(aX+b\leqslant y)$$
$$=P\left(X\leqslant\frac{y-b}{a}\right)=\int_{-\infty}^{\frac{y-b}{a}}f_X(x)\,\mathrm{d}x$$

所以
$$f_Y(y)=F'_Y(y)=\frac{1}{a}f_X\left(\frac{y-b}{a}\right)$$

故 $Y=aX+b$ 的密度函数是 $f_Y(y)=\dfrac{1}{a}f_X\left(\dfrac{y-b}{a}\right)$.

下面我们不加证明地指出结论:

设随机变量 X 和随机变量 $Y=g(X)$ 的密度函数分别为 $f_X(x)$,$f_Y(y)$,若 $y=g(x)$ 是严格单调函数,$x=g(y)$ 是 $y=g(x)$ 的反函数,则 $f_Y(y)=f_X[g(y)]|g'(y)|$.

如上述问题中,$Y=aX+b$,则 $X=\dfrac{Y-b}{a}$,$g(y)=\dfrac{y-b}{a}$,$g'(y)=\dfrac{1}{a}$,

故 $f_Y(y)=\dfrac{1}{a}fx\left(\dfrac{y-b}{a}\right)$.

例 3 设随机变量 X 的概率密度为 $f(x)=\frac{1}{\sqrt{2\pi}}e^{-\frac{x^2}{2}}$，求 X 的线性函数 $Y=\sigma X+\mu$ 的概率密度(其中 μ,σ 均为常数,且 $\sigma>0$).

解:因为 $Y=\sigma X+\mu$，则 $X=\frac{Y-\mu}{\sigma}$，$g(y)=\frac{y-\mu}{\sigma}$，$g'(y)=\frac{1}{\sigma}$，由

$f(x)=\frac{1}{\sqrt{2\pi}}e^{-\frac{x^2}{2}}$，故 $f_Y(y)=f_X[g(y)]|g'(y)|=\frac{1}{\sigma\sqrt{2\pi}}e^{-\frac{(y-\mu)^2}{2\sigma^2}}$，此时随机变量称为正态随机变量.

习题 4－5

1. 已知随机变量 X 的分布列为

X	-1	0	1
p	0.4	0.3	0.3

求 $Y=X^2-1$ 的分布列.

2. 设随机变量 X 服从正态分布 $N(1,4)$，求 $Y=-3X+1$ 的概率密度函数.

自测题四

一、选择题

1. 给出下列四个命题：

(1)15 秒内,通过某十字路口的汽车的数量是随机变量；

(2)在一段时间内,某候车室内候车的旅客人数是随机变量；

(3)一条河流每年的最大流量是随机变量；

(4)一个剧场某个出口退场的人数是随机变量.

其中正确的个数是(　　).

(A)1　　(B)2　　(C)3　　(D)4

2. 下面哪一个符合概率分布的要求(　　).

(A)$P(X=x)=\frac{x}{6}(x=1,2,3)$　　(B)$P(X=x)=\frac{x}{4}(x=1,2,3)$

(C)$P(X=x)=\frac{x}{3}(x=-1,1,3)$　　(D)$P(X=x)=\frac{x^2}{8}(x=-1,1,3)$

3. 设随机变量 $X\sim B(6,\frac{1}{2})$，则 $P(X=3)$ 等于(　　).

(A)$\frac{5}{16}$　　(B)$\frac{3}{16}$　　(C)$\frac{5}{8}$　　(D)$\frac{7}{16}$

4. 连续型随机变量 X 在下列哪个区间时，$f(x)=\cos x$ 可以是 X 的密度函数(　　).

(A)$[0,\frac{\pi}{2}]$　　(B)$[\frac{\pi}{2},\pi]$　　(C)$[0,\pi]$　　(D)$[\frac{3}{2}\pi,\frac{7}{4}\pi]$

5. 设随机变量 $X\sim N(0,1)$，$Y=2X+1$，则 $Y\sim$(　　).

(A) $N(1,4)$　(B) $N(0,1)$　(C) $N(1,1)$　(D) $N(1,2)$

二、填空题

6. 设离散型随机变量 X 的概率分布为 $P(X=x_k)=p_k(k=1,2,\cdots)$，则 p_k 满足________，________.

7. 连续型随机变量的概率密度函数 $f(x)$ 具有__________，__________性质.

8. 离散型随机变量 X 的概率分布为：$P(X=0)=0.2$，$P(X=1)=0.3$，$P(X=2)=0.5$，则 $P(X\leqslant 1.5)=$____.

9. 设随机变量 $X\sim N(1,4)$，试求 $P(0\leqslant X\leqslant 1.6)=$________，$P(X\leqslant 5)=$________.

10. 设连续型随机变量 X 的分布函数是 $F(x)$，密度函数是 $f(x)$，则 $P(X=x)=$______.

三、计算题

11. 设随机变量 X 的分布列为

X	0	2	4	6	8
p	0.1	0.3	k	0.3	0.1

求(1)常数 k；

(2) $P(X=4)$；$P(X<4)$；$P(X\geqslant 4)$；$P(2\leqslant X<8)$.

12. 已知随机变量 X 的分布列为

X	-2	-1	0	1
p	0.1	0.3	0.2	0.4

求 $Y=2X^2+1$ 的分布.

13. 设随机变量 $X\sim U(2,5)$，求：(1) X 的分布函数；(2) $P(2\leqslant X<4)$.

14. 设随机变量 X 的密度函数为

$$f(x)=\begin{cases} k\mathrm{e}^{-x} & x>0 \\ 0 & x\leqslant 0 \end{cases}$$

求：(1)常数 k；(2) $P(1<X<2)$.

15. 设 $X\sim N(1,2^2)$，求 $P(|X|\leqslant 2)$.

第五章 随机变量的数字特征

【本章提要】

随机变量 X 的分布能够完整地描述随机变量的统计规律性,但要确定一个随机变量的分布有时是比较困难的,而且往往也是不必要的,实际问题中,有时只需要知道随机变量取值的平均数以及描述随机变量取值分散程度等一些特征数即可．这些特征数在一定程度上刻画出随机变量的基本形态,而且也可用数理统计的方法估计它们．因此,研究随机变量的数字特征无论在理论上还是实际中都有着重要的意义．

第一节　数学期望

一、离散型随机变量的数学期望

引例:对某实验地的某品种玉米株高进行测量,随机地抽取 N 株,则每株株高的数值是一个随机变量 X,设共测得 m 个数值:$x_1,x_2,\cdots,x_m$,且 $x_k(k=1,2,\cdots,m)$ 在测量中出现的次数为 $\mu_k(k=1,2,\cdots,m)$,可以将测量结果写成以下形式:

株高值:$x_1,x_2,\cdots,x_m$

个数:$\mu_1,\mu_2,\cdots,\mu_m$

其中 $\mu_1+\mu_2+\cdots+\mu_m=N$,因此 N 株玉米的平均株高为 $\bar{x}=\dfrac{1}{N}\sum\limits_{k=1}^{m}\mu_k\cdot x_k=\sum\limits_{k=1}^{m}x_k\dfrac{\mu_k}{N}$,当 N 很大时,$\dfrac{\mu_k}{N}\approx p_k$,即随机变量株高 X 的平均值 $\sum\limits_{k=1}^{m}x_k\cdot\dfrac{\mu_k}{N}$ 接近于 $\sum\limits_{k=1}^{m}x_k\cdot p_k$,我们称 $\sum\limits_{k=1}^{m}x_k\cdot p_k$ 为随机变量 X 的数学期望或均值．

定义 1.1　设离散型随机变量 X 的分布列为 $P(X=x_k)=p_k(k=1,2,\cdots)$,则称 $\sum\limits_{k=1}^{m}x_k\cdot p_k$ 为随机变量 X 的数学期望,简称期望或均值,记作 $E(X)$.

即
$$E(X)=\sum_{k=1}^{n}x_k\cdot p_k$$

例 1　设离散型随机变量的分布列为

X	0	1	2
P	0.2	0.4	0.4

求 $E(X)$.

解:$E(X)=0\times0.2+1\times0.4+2\times0.4=1.2$.

例 2 设有甲、乙两个射手,他们射击情况如下:

甲击中环数 X_1	7	8	9	10
概率 p_k	0.2	0.1	0.4	0.3

乙击中环数 X_2	7	8	9	10
概率 p_k	0.1	0.2	0.3	0.4

试问:甲、乙两个射手谁的技术更好些?

解:要比较谁的技术更好,我们要先求出随机变量 X_1 与 X_2 的数学期望.

$$E(X_1) = \sum_{k=1}^{4} x_k \cdot p_k = 7 \times 0.2 + 8 \times 0.1 + 9 \times 0.4 + 10 \times 0.3 = 8.8,$$

$$E(X_2) = \sum_{k=1}^{4} x_k \cdot p_k = 7 \times 0.1 + 8 \times 0.2 + 9 \times 0.3 + 10 \times 0.4 = 9.$$

因为数学期望反映的是随机变量取值的平均值,故说明乙的技术更好些.

二、连续型随机变量的数学期望

定义 1.2 设连续型随机变量 X 的概率密度函数为 $f(x)$,如果积分 $\int_{-\infty}^{+\infty} xf(x)\mathrm{d}x$ 绝对收敛,则称它为连续型随机变量 X 的数学期望,简称期望或均值,记作 $E(X)$,即 $E(X) = \int_{-\infty}^{+\infty} xf(x)\mathrm{d}x$.

例 3 设连续型随机变量 X 的概率密度函数为

$$f(x) = \begin{cases} 2x & 0 \leqslant x \leqslant 1 \\ 0 & \text{其他} \end{cases}$$

求数学期望 $E(X)$.

解: $E(X) = \int_{-\infty}^{+\infty} xf(x)\mathrm{d}x = \int_{-\infty}^{0} xf(x)\mathrm{d}x + \int_{0}^{1} xf(x)\mathrm{d}x + \int_{1}^{+\infty} xf(x)\mathrm{d}x = \int_{0}^{1} x \cdot 2x\mathrm{d}x = \dfrac{2}{3}.$

三、随机变量函数的数学期望

定理 设 Y 是随机变量 X 的函数,即 $Y = g(X)$(其中 $g(X)$ 为连续实函数),则

(1)如果 X 为离散型随机变量,其分布列为 $P(X = x_k) = p_k(k = 1,2,\cdots)$,若 $E(Y)$ 存在,则

$$E(Y) = E[g(X)] = \sum_{k=1}^{n} g(x_k) \cdot p_k ;$$

(2)如果 X 为连续型随机变量,其概率密度函数为 $f(x)$,若 $E(Y)$ 存在,则

$$E(Y) = E[g(X)] = \int_{-\infty}^{+\infty} g(x) \cdot f(x)\mathrm{d}x.$$

例 4 设离散型随机变量 X 的分布为

X_k	-1	0	2	3
p_k	0.2	0.1	0.4	0.3

求:$E(X^2)$.

解:$E(X^2) = (-1)^2 \times 0.2 + (0)^2 \times 0.1 + (2)^2 \times 0.4 + (3)^2 \times 0.3 = 4.5.$

例 5 设随机变量 X 服从均匀分布

$$f(x)=\begin{cases}\dfrac{1}{b-a} & a\leqslant x\leqslant b\\ 0 & 其他\end{cases}$$

求：$E(2X+1)$.

解：$E(2X+1)=\int_{-\infty}^{+\infty}(2x+1)\cdot f(x)\mathrm{d}x=\int_{a}^{b}(2x+1)\cdot\dfrac{1}{b-a}\mathrm{d}x=b+a+1.$

四、数学期望的性质

随机变量的数学期望有以下性质：

性质 1 $E(C)=C$，（C 为任意常数）；

性质 2 $E(kX)=kE(X)$，（k 为任意常数）；

性质 3 对于任意两个随机变量 X,Y，若 $E(X)$，$E(Y)$ 都存在，则

$$E(X\pm Y)=E(X)\pm E(Y);$$

推广：对于任意有限个随机变量的情形，只要 $E(X_1)$，$E(X_2)$，…，$E(X_n)$ 都存在，则有 $E(X_1+X_2+\cdots+X_n)=E(X_1)+E(X_2)+\cdots+E(X_n)$；

性质 4 $E(aX+b)=aE(X)+b$，（a、b 为任意常数）；

例如，设 $E(X)=3$，则 $E(2X-1)=2E(X)-1=5$.

性质 5 若随机变量 X,Y 相互独立，则 $E(XY)=E(X)E(Y)$.

五、常用分布的期望

1. 两点分布

设 X 服从两点分布，其概率分布列是 $P(X=1)=p$，$P(X=0)=1-p=q$，则

$$E(X)=1\times p+0\times(1-p)=p.$$

2. 二项分布

设 $X\sim B(n,p)$，其分布列为 $p_k=P(X=k)=C_n^kp^k(1-p)^{n-k}$，$k=0,1,2,\cdots,n$，

则
$$\begin{aligned}E(X)&=\sum_{k=0}^{n}k\cdot p_k\\&=\sum_{k=0}^{n}k\cdot C_n^kp^k(1-p)^{n-k}\\&=\sum_{k=0}^{n}k\frac{n(n-1)\cdots(n-k+1)}{k!}p^k(1-p)^{n-k}\\&=np\sum_{k=1}^{n}\frac{(n-1)(n-2)\cdots[(n-1)-(k-2)]}{(k-1)!}\cdot p^{k-1}(1-p)^{(n-1)-(k-1)}\\&=np[p+(1-p)]^{n-1}=np.\end{aligned}$$

3. 泊松分布

设 $X\sim P(\lambda)$，其分布列为 $P(X=k)=\dfrac{\lambda^ke^{-\lambda}}{k!}$ （$k=0,1,2,\cdots;\lambda>0$），则

$$E(X)=\sum_{k=0}^{\infty}k\cdot\frac{\lambda^k\mathrm{e}^{-\lambda}}{k!}=\lambda\mathrm{e}^{-\lambda}\sum_{k=1}^{\infty}\frac{\lambda^{k-1}}{(k-1)!}=\lambda\mathrm{e}^{-\lambda}\cdot\mathrm{e}^{\lambda}=\lambda.$$

4. 均匀分布

设 $X \sim U(a,b)$,其概率密度为 $f(x)=\begin{cases}\dfrac{1}{b-a} & a \leqslant x \leqslant b \\ 0 & 其他\end{cases}$,

则

$$E(X)=\int_a^b \frac{x}{b-a}\mathrm{d}x=\frac{a+b}{2}.$$

5. 指数分布

设 $X \sim E(\lambda)$,其概率密度为 $f(x)=\begin{cases}\lambda \mathrm{e}^{-\lambda x} & x \geqslant 0 \\ 0 & 其他\end{cases}$,

则

$$E(X)=\int_0^{+\infty} \lambda x \mathrm{e}^{-\lambda x}\mathrm{d}x=-\int_0^{+\infty} x \mathrm{d}(\mathrm{e}^{-\lambda x})=\int_0^{+\infty} \mathrm{e}^{-\lambda x}\mathrm{d}x=\frac{1}{\lambda}.$$

6. 正态分布

设 $X \sim N(\mu,\sigma^2)$,则 $E(X)=\int_{-\infty}^{+\infty} x \frac{1}{\sqrt{2\pi}\sigma}\mathrm{e}^{-\frac{(x-\mu)^2}{2\sigma^2}}\mathrm{d}x$

令 $t=\dfrac{x-\mu}{\sigma}$,则有 $E(X)=\dfrac{1}{\sqrt{2\pi}}\displaystyle\int_{-\infty}^{+\infty}(\sigma t+\mu)\mathrm{e}^{-\frac{t^2}{2}}\mathrm{d}t$

$$=\frac{\mu}{\sqrt{2\pi}}\int_{-\infty}^{+\infty}\mathrm{e}^{-\frac{t^2}{2}}\mathrm{d}t=\frac{\mu}{\sqrt{2\pi}} \cdot \sqrt{2\pi}=\mu.$$

特别地,当 $X \sim N(0,1)$ 时,$E(X)=0$.

习题 5-1

1. 已知随机变量 X 的分布列为

X	1	2	3
P	0.5	0.25	0.25

求:(1) $E(X)$;(2) $E(X^2)$.

2. 设随机变量 X 的概率密度为

$$f(x)=\begin{cases}\dfrac{x^2}{3} & -1<x<2 \\ 0 & 其他\end{cases},$$

求:(1) $E(X)$;(2) $E(2X-1)$.

3. 设 $E(X+4)=10$,且 $E[(X+4)^2]=116$,

求:(1) $E(X)$;(2) $E(X^2)$.

第二节　方差

一、方差的概念

数学期望是随机变量的"代表性"值,但仅用它来描述随机变量的重要特征还是不够的,如,已知一批零件的平均长度服从某一分布,它的期望 $E(X)=10\text{cm}$,仅由这一个指标还不能断定这批零件的长度是否合格,这是由于若其中一部分的长度比较长,而另一部分的长度比较短,它们的平均数也可能是 10cm. 为了评定这批零件的长度是否合格,还应考察零件长度与平均长度的偏离程度。若偏离程度较小,说明这批零件的长度基本稳定在 10cm 附近,整体质量较好;反之,若偏离程度较大,说明这批零件的长度参差不齐,整体质量不好.

那么如何考察随机变量 X 与其均值 $E(X)$ 的偏离程度呢?因为 $X-E(X)$ 有正有负,$E(X-E(X))$ 正负相抵会掩盖其真实性. 所以容易想到用 $E|X-E(X)|$ 来度量 X 与其均值 $E(X)$ 的偏离程度,但由于此式含有绝对值,运算上不方便,因此通常用 $E[X-E(X)]^2$ 来度量 X 与其均值 $E(X)$ 的偏离程度.

定义 2.1 设 X 是一个随机变量,若 $E[X-E(X)]^2$ 存在,则称其为 X 的方差,记作 $D(X)$,即 $D(X)=E[X-E(X)]^2$.

实际使用中,一般取 $\sqrt{D(X)}$ 称为随机变量 X 的标准差或均方差,并记作 $\sigma(X)$,即

$$\sigma(X)=\sqrt{D(X)}=\sqrt{E[X-E(X)]^2}.$$

根据方差的定义,显然方差是一个非负的数.

Ⅰ 若随机变量 X 是离散型,且 $p_k=P(X=x_k)(k=1,2,\cdots)$,则 X 的方差是

$$D(X)=\sum_k[x_k-E(X)]^2p_k.$$

Ⅱ 若随机变量 X 是连续型,且密度函数是 $f(x)$,则 X 的方差是

$$D(X)=\int_{-\infty}^{+\infty}[x-E(X)]^2f(x)\,dx.$$

为了方便计算,方差还有一种计算公式:$D(X)=E(X^2)-[E(X)]^2$.

例 1 设离散型随机变量 X 的分布列为

X	-1	0	1	2
P	0.2	0.2	0.3	0.3

求 $D(X)$.

解:$E(X)=(-1)\times0.2+0\times0.2+1\times0.3+2\times0.3=0.5$;

$E(X^2)=(-1)^2\times0.2+0^2\times0.2+1^2\times0.3+2^2\times0.3=1.7$;

$D(X)=E(X^2)-[E(X)]^2=1.7-0.5^2=1.45$.

例 2 设连续型随机变量 X 的概率密度为 $f(x)=\begin{cases}1 & 0\leqslant x\leqslant1\\0 & \text{其他}\end{cases}$,求 $D(X)$.

解: $E(X)=\int_{-\infty}^{+\infty}xf(x)\,dx=\int_0^1x\,dx=\frac{1}{2}x^2\big|_0^1=\frac{1}{2}$;

$E(X^2)=\int_{-\infty}^{+\infty}x^2f(x)\,dx=\int_0^1x^2\,dx=\frac{1}{3}x^3\big|_0^1=\frac{1}{3}$;

$D(X)=E(X^2)-[E(X)]^2=\frac{1}{3}-\left(\frac{1}{2}\right)^2=\frac{1}{12}$.

二、方差的性质

随机变量的方差有以下主要性质:

性质 1 $D(C)=0$,(C 为任意常数);

性质 2 $D(kX)=k^2D(X)$，(k 为任意常数)；

性质 3 若随机变量 X,Y 相互独立，则 $D(X\pm Y)=D(X)+D(Y)$；

性质 4 $D(aX+b)=a^2D(X)$，(a、b 为任意常数)　.

例如，设 $D(X)=3$，则 $D(2X-1)=2^2D(X)=4\times 3=12$.

三、常用分布的方差

1. 两点分布

因为 $E(X)=p,E(X^2)=p$，则

$$D(X)=E(X^2)-[E(X)]^2=p-p^2=pq(q=1-p).$$

2. 二项分布

因为 $E(X)=np,E(X^2)=n(n-1)p^2+np$，则

$$D(X)=E(X^2)-[E(X)]^2=n(n-1)p^2+np-n^2p^2=npq.$$

3. 泊松分布

因为 $E(X)=\lambda,E(X^2)=\sum\limits_{k=0}^{+\infty}k^2\frac{\lambda^k}{k!}e^{-\lambda}=\sum\limits_{k=1}^{+\infty}(k-1+1)\frac{\lambda^k}{(k-1)!}e^{-\lambda}$

$$=\sum_{k=2}^{+\infty}\frac{\lambda^{k-2}\cdot\lambda^2}{(k-2)!}e^{-\lambda}+\sum_{k=1}^{+\infty}\frac{\lambda^k}{(k-1)!}e^{-\lambda}=\lambda^2+\lambda\text{，则}$$

$$D(X)=E(X^2)-[E(X)]^2=(\lambda^2+\lambda)-\lambda^2=\lambda.$$

4. 均匀分布

因为 $E(X)=\frac{a+b}{2},E(X^2)=\frac{1}{b-a}\int_a^b x^2dx=\frac{b^3-a^3}{3(b-a)}=\frac{1}{3}(b^2+ab+a^2)$，则

$$D(X)=E(X^2)-[E(X)]^2$$
$$=\frac{1}{3}(b^2+ab+a^2)-\frac{1}{4}(b^2+2ab+a^2)=\frac{1}{12}(b-a)^2$$

例如，上述例 2 中，$a=0,b=1$，可以得 $D(X)=\frac{1}{12}$.

5. 指数分布

因为 $E(X)=\frac{1}{\lambda},E(X^2)=\lambda\int_0^{+\infty}x^2e^{-\lambda x}dx=\frac{2}{\lambda^2}$，则

$$D(X)=E(X^2)-[E(X)]^2=\frac{2}{\lambda^2}-\frac{1}{\lambda^2}=\frac{1}{\lambda^2}.$$

6. 正态分布

当 $X\sim N(\mu,\sigma^2)$ 时，$D(X)=\sigma^2$（证明略）.

特别地，当 $X\sim N(0,1)$ 时，$D(X)=1$.

习题 5－2

1. 已知随机变量 X 的概率分布为 $P(X=k)=\frac{1}{10}(K=2,4,\cdots,18,20)$，

求 $E(X)$、$D(X)$.

2. 设连续型随机变量 X 的概率密度为

$$f(x)=\begin{cases}1+x & -1\leqslant x\leqslant 0\\ 1-x & 0<x\leqslant 1\\ 0 & \text{其他}\end{cases}$$

求 $E(X)$、$D(X)$.

3. 设随机变量 X 服从某区间上的均匀分布，且 $E(X)=4$，$D(X)=\frac{1}{3}$，求 X 的概率密度函数.

自测题五

一、选择题

1. 若随机变量 $X\sim B(1,p)$，则 $E(X)=($　　$)$.

(A)0　　(B)1　　(C)p　　(D)$1-p$

2. 甲、乙两个工人在同样的条件下生产，日产量相等，每天出废品的情况如下表所列，则有结论：(　　).

工人	甲				乙			
废品数	0	1	2	3	0	1	2	3
概率	0.4	0.3	0.2	0.1	0.3	0.5	0.2	0

(A)甲的产品质量比乙的产品质量好一些；

(B)乙的产品质量比甲的产品质量好一些；

(C)两人的产品质量一样好；

(D)无法判断谁的质量好一些.

3. 设随机变量 $X\sim U(-3,3)$，则 $D(1-2X)=($　　$)$.

(A)1　　(B)3　　(C)7　　(D)12

4. 设随机变量 $X\sim B(n,p)$，则 $\frac{(DX)^2}{(EX)^2}=($　　$)$.

(A)p^2　　(B)$(1-p)^2$　　(C)np　　(D)$p^2(1-p)$

5. 设服从二项分布 $X\sim B(n,p)$ 的随机变量 X 的均值与方差分别是 15 和 $\frac{45}{4}$，则 n、p 的值分别是(　　).

(A)$50,\frac{1}{4}$　　(B)$60,\frac{1}{4}$　　(C)$50,\frac{3}{4}$　　(D)$60,\frac{3}{4}$

二、填空题

6. 设某射击手射击失败的概率为 0.01，若发射 10 次，其中失败的次数为 X，则 $E(X)=$________，$D(X)=$________.

7. 设 X 为随机变量，则 $D(X)=E(X^2)-$________.

8. 若 $P(X=0)=1-p$，$P(X=1)=p$，则 $E(2X-3)=$________.

9. 设离散型随机变量 X 的概率分布列为

X	0	1	2	3
P	0.1	a	b	0.1

且 $E(X)=1.5$,则 $a-b=$ ________.

10. 设随机变量 X,Y 的关系为 $Y=2X+2$,如果 $D(X)=2$,则 $D(Y)=$ ________.

三、计算题

11. 甲、乙两名工人加工同一种零件,两人每天加工的零件数相等,所出次品数分别为 X_1,X_2,且 X_1 和 X_2 的分布列为:

X_1	0	1	2
P	$\frac{6}{10}$	$\frac{1}{10}$	$\frac{3}{10}$

X_2	0	1	2
P	$\frac{5}{10}$	$\frac{3}{10}$	$\frac{2}{10}$

试比较两名工人谁的技术水平更高.

12. 设连续型随机变量 X 的密度函数为

$$f(x)=\begin{cases}2x & 0<x<1\\ 0 & \text{其他}\end{cases}$$

求:(1)数学期望 $E(X)$;(2)方差 $D(X)$.

13. 设随机变量 X 的密度函数为

$$f(x)=\frac{k}{x^3}(1<x<+\infty)$$

求:(1)常数 k;(2)$E(X)$.

14. 设连续型随机变量 X 的密度函数为

$$f(x)=\begin{cases}\frac{x^2}{3} & -1<x<2\\ 0 & \text{其他}\end{cases}$$

求 $Y=2X-1$ 的数学期望.

第六章 统计推断

【本章提要】

数理统计是以概率论为理论基础的一个数学分支．它是根据试验观测数据，对观测对象的数量规律进行估计和推断，因而推断是具有一定概率的推断．这种伴随一定概率的推断，在数理统计学中就称为统计推断．本章主要介绍总体、样本与统计量，常用抽样分布，点估计与区间估计等概念及相应的方法．

第一节　总体、样本和统计量

总体、样本和统计量都是数理统计中常用的术语，本节介绍这些概念．

一、总体和样本

为了说明总体和样本的概念，先看下面的例子．

例 1　统计年鉴中一个重要的指标是城市职工的年收入．

要了解某城市职工 2014 年的年收入，一般不采用一一调查每一个职工年收入的办法，而是采用抽样调查的方法，即抽取部分职工的收入情况进行分析．例如抽取 1000 个职工，统计他们 2014 年的年收入，以此推断该城市职工的 2014 年的年收入状况．

例 2　市场调查是商家常做的一项工作．

某旅行社随机访问 100 位市民，调查这些市民春节期间的出游意向，以此确定开发新旅游项目的方案．

上述两个例子的共同特点，就是在研究对象的某个性质时，不是一一研究对象内容的所有个体，而是只研究其中的一部分．通过对部分个体的研究，推断对象全体的性质，这就引出了总体和样本的概念．

总体，又称母体．我们将所研究对象的某个数量指标的全体称为总体，即研究对象所包含的全部个体（或数据）组成的集合．组成总体的基本单位称为个体．

总体的性质取决于个体的性质．一般构成总体的所有个体数目用 N 表示，称为总体容量. 若构成总体中的个体为有限个，则称为有限总体．若构成总体的个体有无限多个，则称为无限总体．

在研究总体特征时，因为总体的无限性或测量方法具有破坏性等原因，不允许对总体中的每一个个体一一进行度量，而采用随机抽样的方法，从总体中按照一定的原则抽取一定数量的个体进行研究，每个个体叫作一个样品，由若干个样品组成的集合构成样本．一个样本中所含样品的个数称为样本容量（或样本大小），一般用 n 表示，$n\leqslant 30$ 称为小样本，$n>30$ 称为大样本．

例 1 中某城市职工是我们所研究的对象，其 2014 年的年收入，是我们所关心的一个数量指标,那么所有该城市职工的2014年的年收入组成总体,其中每一个职工2014年的年收入,就是一个个体．从总体中随机抽取(每个个体都有同等的机会进入样本)出来的一个城市职工的年收入,就是一个样品．若抽取1000个职工,则这1000个职工的年收入构成了一个样本,该样本的样本容量为1000.

例2中某城市的市民为研究对象,市民们的春节出游意向为我们所关心的一个指标,那么该城市所有市民的春节出游意向组成了总体,每个人的意向就是一个个体．从中抽取100位市民进行调查,则该100个市民的出游意向构成一个样本,样本容量为100.

由于样品抽取的随机性以及样品所表示的是某些特性的数量指标(如城市职工的年收入),因此样品是一个变量,抽样所看到的都是样品的取值．样品的取值称为样品值,样本的取值称为样本值,也称为样本数据．容量为 n 的样本值,可用 $x_1,x_2,\cdots,x_n$ 表示．

样本在数理统计中具有非常重要的意义．一方面,在研究总体的性质时,往往由于种种原因,如总体里个体的数目无限,或个体数目有限但数目太多,或试验带有破坏性质,或试验费用昂贵,等等,使得我们不能对总体的全部个体一一研究,只能从总体中抽取样本进行观测,通过研究所获得的样本值去推断总体的性质;另一方面,根据样本探求总体的规律,以及利用样本的随机性检验有关总体的种种假设,是数理统计的中心议题．

为使所抽取的样本富有代表性,且能反映总体的特性,常采用简单随机抽样的方法抽取样本,这样抽取的样本具有以下特点:

(1)样本(用 $x_1,x_2,\cdots,x_n$ 表示)中的每一个样品 $x_k(k=1,2,\cdots,n)$ 取某个值的可能性与总体取该值的可能性是一样的,就是说,样品 $x_k(k=1,2,\cdots,n)$ 与总体具有相同的分布;

(2)样本中的每一个样品 $x_1,x_2,\cdots,x_n$ 相互独立,也就是说,每个样品的观测结果既不影响其他样品的观测结果,也不受其他样品观测结果的影响．这样得到的随机样本对总体的代表性,就有了基本保证．

总之,简单随机样本是指独立且与总体同分布的一组随机变量．通常简单随机样本简称样本．

因此,今后我们提到样本,都是指简单随机样本．

二、统计量

数理统计的任务就是对样本值进行加工、分析,然后得出结论以说明总体．为了把样本中所包含的我们所关心的信息都集中起来,就需要针对不同的问题构造出样本的某种函数．这种函数在数理统计中称为统计量．要了解统计量必须首先知道什么是参数．

参数是由总体计算得到的描述总体数量特征和规律的数值,也称为总体特征数,在统计推断中总体的参数是一个固定的值,但通常我们并不知道它的值是多少。参数常用希腊字母表示．例如用 μ 表示总体平均数,用 σ 表示总体标准差．

统计量是样本的已知函数,它是由样本计算得到的特征数,也称为样本特征数,其作用是把样本中有关总体的信息汇集起来,常用英文字母表示．例如用 $\bar{x}$ 表示样本平均数,用 s 表示样本标准差．

下面我们给出统计量的具体定义．

定义1.1 设 $x_1,x_2,\cdots,x_n$ 是总体的一组样本,$f(x_1,x_2,\cdots,x_n)$ 为一 n 元连续函数,如果 $f(x_1,x_2,\cdots,x_n)$ 中不包含任何未知参数,则称 $f(x_1,x_2,\cdots,x_n)$ 为样本 $x_1,x_2,\cdots,x_n$ 的一个统计量．当 $x_1,x_2,\cdots,x_n$ 取定一组值时,$f(x_1,x_2,\cdots,x_n)$ 就是统计量的一个具体的观测值．

从定义可知,统计量是一组独立同分布的随机变量的函数,而随机变量的函数仍是随机变量,因此统计量仍为随机变量. 值得注意的是,统计量中不含未知参数. 例如,设 $x_1,x_2,\cdots,x_n$ 是从正态总体 $N(\mu,\sigma^2)$ 中抽取的一个样本,其中 μ,σ 是未知参数,则 $\sum_{k=1}^{n}\frac{x_k}{n}-\mu$ 与 $\sum_{k=1}^{n}\frac{x_k}{\sigma}$ 都不是统计量,而 $\sum_{k=1}^{n}\frac{x_k}{n}$ 与 $\sum_{k=1}^{n}\frac{x_k^2}{n}$ 都是统计量.

三、样本矩

参数是客观存在的,但常常是未知数. 而统计量依赖且只依赖样本,它不含总体分布的任何未知参数. 因此,统计量是统计推断中一个非常重要的概念,当我们要推断一个总体的分布或确定总体中的某个参数时,往往要构造一个统计量,然后依据样本所遵从的总体分布,找到统计量所应遵从的分布,以此对总体的分布或总体中的某个参数做出合理的推断. 下面介绍几个特殊的统计量——样本矩.

设 $x_1,x_2,\cdots,x_n$ 是从总体 X 中抽取出来的一个样本,

称统计量 $\bar{x}=\frac{1}{n}\sum_{k=1}^{n}x_k$ 为样本均值.

称统计量 $s^2=\frac{1}{n-1}\sum_{k=1}^{n}(x_k-\bar{x})^2$ 为样本方差.

称统计量 $\frac{1}{n}\sum_{k=1}^{n}x_k^r,(r=1,2,\cdots)$ 为 r 阶样本原点矩.

称统计量 $\frac{1}{n}\sum_{k=1}^{n}(x_k-\bar{x})^r(r=1,2,\cdots)$ 为 r 阶样本中心矩.

显然,样本均值是一阶原点矩,但样本方差不是二阶中心矩. 上面介绍的这些样本矩都是以后常用的统计量,下节将介绍有关它们的一些分布.

习题 6 - 1

1. 设 1.5,2,2.5,3,3.5,1.5 为来自正态总体 X 的样本,求样本均值、样本方差.
2. 举例说明什么是总体、样本、参数、统计量.

第二节　抽样分布

统计量的分布又称为抽样分布. 一般说来,要确定某一统计量的分布是比较复杂的. 在此,我们只介绍几个常用统计量的分布,同时给出一些特殊形式的随机变量所遵从的分布,只给出结论和使用方法,不予证明. 有兴趣的同学可查阅相关书籍.

一、正态总体的样本均值的抽样分布

定理 1　设总体 $X\sim N(\mu,\sigma^2)$,又 $x_1,x_2,\cdots,x_n$ 是 X 的一个样本,则样本均值 $\bar{x}=\frac{1}{n}\sum_{k=1}^{n}x_k$ 也是一个服从正态分布的随机变量,且数学期望 $E(\bar{x})=\mu$,方差 $D(\bar{x})=\frac{\sigma^2}{n}$.

定理 2 设 X 与 Y 为两个独立的正态总体，$X\sim N(\mu_1,\sigma_1^2)$，$x_1,x_2,\cdots,x_n$ 是 X 的一个样本，$Y\sim N(\mu_2,{\sigma_2}^2)$，$y_1,y_2,\cdots,y_{n_2}$ 是 Y 的一个样本，则这两个样本均值 $\bar{x}$ 与 $\bar{y}$ 的差 $\bar{x}-\bar{y}$ 的分布为：

$$\bar{x}-\bar{y}\sim N(\mu_1-\mu_2,\frac{\sigma_1^2}{n_1}+\frac{\sigma_2^2}{n_2}) \tag{6-1}$$

或

$$\frac{\bar{x}-\bar{y}\sim(\mu_1-\mu_2)}{\sqrt{\frac{\sigma_1^2}{n_1}+\frac{\sigma_2^2}{n_2}}}\sim N(0,1) \tag{6-2}$$

式中，$\bar{x}=\frac{1}{n_1}\sum_{k=1}^{n_1}x_k$，$\bar{y}=\frac{1}{n_2}\sum_{k=1}^{n_2}y_k$.

二、χ^2 分布

定义 2.1 如果 $x_1,x_2,\cdots,x_n$ 是从总体 X 中抽取出来的一个样本，且 $x_i\sim N(0,1)(i=1,2,\cdots)$，则统计量 $\chi^2=x_1^2+x_2^2+\cdots+x_n^2$ 称为服从参数为 n 的 χ^2 分布，记作 $\chi^2-\chi^2(n)$. n 也称为自由度（自由度是指独立的随机变量的“最大个数”）. $\chi^2(n)$ 就是自由度为 n 的 χ^2 分布.

χ^2 分布的概率密度函数为

$$f(x)=\begin{cases}\frac{1}{2^{n/2}\Gamma(n/2)}x^{n/2-1}\mathrm{e}^{-x/2} & x>0\\ 0 & x\leqslant 0\end{cases},$$

注：(1)其中 $\Gamma(\frac{n}{2})$ 是 Γ 函数 $\Gamma(t)=\int_0^{+\infty}x^{t-1}\mathrm{e}^{-x}\mathrm{d}x(t>0)$ 在 $\frac{n}{2}$ 处的函数值；

(2)χ^2 分布的图形与自由度 n 有关，如图 6-1 所示.

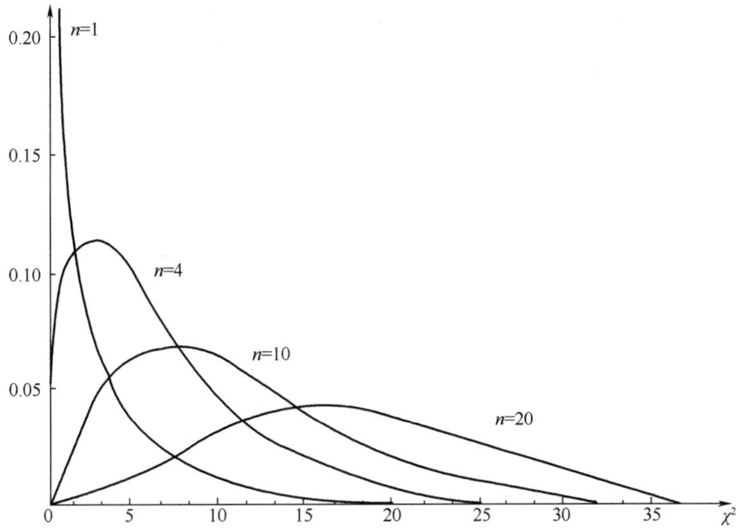

图 6-1 χ^2 分布的概率密度曲线图

χ^2 分布具有以下结论。

1. 可加性

如果 $\chi_1^2\sim\chi^2(n_1)$，$\chi_2^2\sim\chi^2(n_2)$，且它们相互独立，则有

$$\chi_1^2+\chi_2^2\sim\chi^2(n_1+n_2) \tag{6-3}$$

2. 正态总体的样本方差的抽样分布

如果 $X\sim N(\mu,\sigma^2)$，样本方差 $s^2=\frac{1}{n-1}\sum_{k=1}^{n}(x_k-\bar{x})^2$，则有

$$(n-1)s^2/\sigma^2\sim\chi^2(n-1) \tag{6-4}$$

χ^2 分布的概率值计算：

对于给定的正数 α，$0<\alpha<1$，如果有 $\int_{\chi_\alpha^2(n)}^{+\infty}f(x)\mathrm{d}x=\alpha$，则称数 $\chi_\alpha^2(n)$ 为 $\chi^2(n)$ 分布的水平 α 的上侧分位数（上侧临界值）（图 6－2），其中 $f(x)$ 为 $\chi^2(n)$ 分布的概率密度．对于不同的 α 与 n，α 的上侧分位数 $\chi_\alpha^2(n)$ 的值已制成表格（参照本书附表）可以查用．如，$\alpha=0.05$，$n=16$，查表可得 $\chi_{0.05}^2(16)=26.30$，即有 $P(\chi^2(16)>26.30)=\int_{26.30}^{+\infty}f(x)\mathrm{d}x=0.05$.

注：附表中，$\chi^2(n)$ 分布表，当 n 很大时，$(n>50)$，可以证明 $\sqrt{2\chi^2(n)}$ 近似地服从正态分布 $N(\sqrt{2n-1},1)$，亦即 $\sqrt{2\chi^2(n)}-\sqrt{2n-1}$ 近似地服从 $N(0,1)$，从而可得 $\sqrt{2\chi_\alpha^2(n)}-\sqrt{2n-1}\approx Z_{2\alpha}$，其中 $Z_{2\alpha}$ 是 $N(0,1)$ 的上 α 分位数（等于 2α 的双侧分位数）（可通过查 α 的双侧分位数表获得），即 $F(Z_{2\alpha})=1-\alpha$，由此得到 $\chi^2(n)$ 分布的上 α 分位数 $\chi_\alpha^2(n)$ 的近似值为 $\chi_\alpha^2(n)\approx\frac{1}{2}(Z_{2\alpha}+\sqrt{2n-1})^2$.

例如：$\alpha=0.05$，$n=50$，$F(1.645)=1-0.05$，

近似有：$\chi_{0.05}^2(50)\approx\frac{1}{2}(1.645+\sqrt{99})^2=67.221$.

三、t 分布

定义 2.2　设 $X\sim N(0,1)$，$Y\sim\chi^2(n)$，X 与 Y 相互独立，则称随机变量 $t=X/\sqrt{Y/n}$ 服从参数为 n 的 t(student) 分布，记作 $t\sim t(n)$．n 也称为自由度．

t 分布的概率密度函数为

$$f(t)=\frac{\Gamma[(n+1)/2]}{\sqrt{n\pi}\Gamma(n/2)}(1+t^2/n)^{-(n+1)/2},(-\infty<t<+\infty).$$

函数 $f(t)$ 的图形如图 6－3 所示．它是关于 $t=0$ 对称的，可以证明当 n 很大时，t 分布近似于 $N(0,1)$，而 n 很小时差异很大．

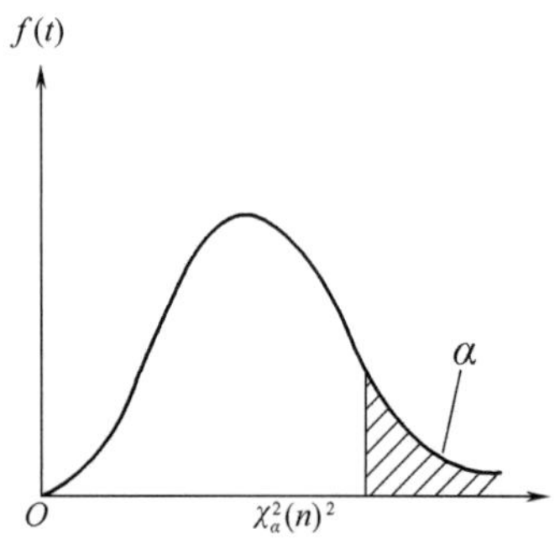

图 6－2　χ^2 分布的上侧临界值

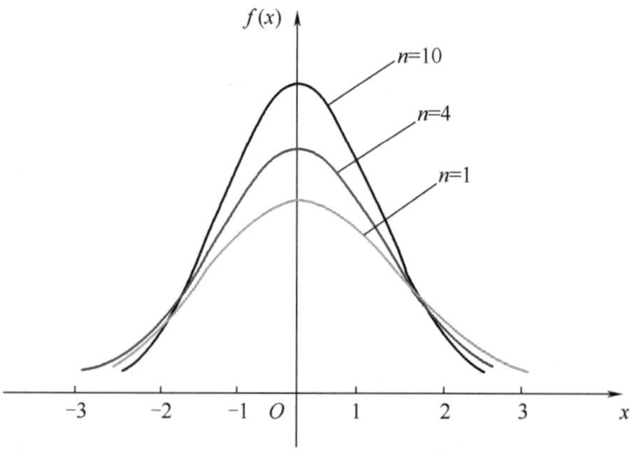

图 6－3　t 分布的概率密度曲线

在后面讨论中，对于正态总体 $X \sim N(\mu, \sigma^2)$ 的一组样本，经常要用到统计量：$T = \dfrac{(\bar{x} - \mu)}{s/\sqrt{n}}$，对于该统计量分布，我们直接给出结论：

定理 3 设 $x_1, x_2, \cdots, x_n$ 是从总体 $X \sim N(\mu, \sigma^2)$ 中抽取出来的一个样本，则随机变量 $T = \dfrac{(\bar{x} - \mu)}{s/\sqrt{n}} \sim t(n-1)$.

定理 4 设 X 与 Y 是相互独立的两个随机变量，$x_1, x_2, \cdots, x_n$ 是从总体 $X \sim N(\mu_1, \sigma^2)$ 中抽取的一组样本，$y_1, y_2, \cdots, y_n$ 是从总体 $Y \sim N(\mu_2, \sigma^2)$ 的一组样本，

则随机变量 $T = \dfrac{(\bar{x} - \bar{y}) - (\mu_1 - \mu_2)}{\sqrt{\dfrac{(n_1 - 1)s_1^2 + (n_2 - 1)s_2^2}{(n_1 + n_2 - 2)} \cdot (\dfrac{1}{n_1} + \dfrac{1}{n_2})}} \sim t(n_1 + n_2 - 2)$，

其中 $\bar{x}, \bar{y}$ 分别是两总体的样本均值，s_1^2, s_2^2 分别是两总体的样本方差，n_1, n_2 分别是两总体的样本容量.

特别地，当 $n_1 = n_2 = n$ 时，有 $T = \dfrac{(\bar{x} - \bar{y}) - (\mu_1 - \mu_2)}{\sqrt{s_1^2 + s_2^2}/\sqrt{n}} \sim t(2n-2)$.

t 分布的概率值计算

对于给定的正数 α，$0 < \alpha < 1$，如果有

$$P\{|T| > t_\alpha(n)\} = \int_{-\infty}^{-t_\alpha(n)} f(t)\,dt + \int_{\alpha(n)}^{+\infty} f(t)\,dt = \alpha,$$

则称 $t_\alpha(n)$ 为 t 分布的水平 α 的双侧分位数（双侧临界值）（图 6－4），其中 $f(t)$ 为 t 分布的概率密度.

如果有 $P\{T > t_{2\alpha}(n)\} = \int_{t_{2\alpha}(n)}^{+\infty} f(t)\,dt = \alpha$，则称 $t_{2\alpha}(n)$ 为 t 分布的水平 α 的上侧分位数（上侧临界值）.

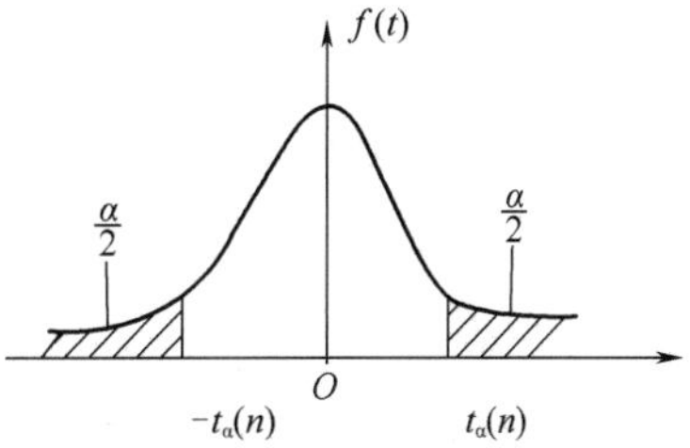

图 6－4　t 分布的双侧临界值

t 分布概率密度曲线的性质：

性质 1 t 分布曲线为左右对称的曲线；

性质 2 $x=0$ 处，纵高值最大；

性质 3 t 分布曲线随自由度不同而异，t 分布为单峰曲线，离散度较正态曲线大，尤其是自由度小的 t 分布，更为明显；

性质 4 当自由度为无穷大时，则 t 分布与正态分布相当.

t 分布的双侧分位数，可由附表 3 查得，与标准正态分布的双侧临界值表查法类似，①整个曲线下的面积为 1；②曲线是以 $t=0$ 为对称，则可以根据此表求出任何部分的面积. t 分布与正态分布表的区别在于前者要考虑自由度.

附表 3 是 t 分布的双侧分位数. 在已知两尾的阴影面积 α 和自由度后，可从表中找到对应的 $t_\alpha(n)$ 值. 如果要查询 α 上侧分位数，则应查 2α 的双侧分位数（即 α 的上侧分位数等于 2α 的双侧分位数）.

例 $\alpha = 0.05$，$n = 20$，查得 α 的双侧分位数为 $t_{0.05}(20) = 2.086$，而 α 的上侧分位数为 $t_{0.10}(20) = 1.725$.

例如，查表计算，$df=9$ 时，(1) $\alpha = 0.05$ 时，t 分布的双侧分位数；(2) $P(t \leqslant -2.570)$.

解：(1) $\alpha = 0.05$，$df = 9$ 时，查 t 分布的双侧分位数表，得 $t_{0.05}(9) = 2.262$.

（2）根据 t 分布的对称性，$P(t\leqslant -2.570)=P(t\geqslant 2.570)$，

当 $df=9$ 时，查 t 分布的双侧分位数表，得 $t_{0.10}(9)=2.570$，

当 $\alpha=0.05$ 时，t 分布的 α 水平上侧临界值为 $t_{0.10}$，

所以 $P(t\geqslant 2.570)=P(t\geqslant t_{0.10}(9))=0.05$.

t 分布的极限分布为标准正态分布，当 $n>45$ 时，可利用正态分布 $N(0,1)$ 近似：

$$t_\alpha(n)\approx Z_\alpha, n>45.$$

四、F 分布

定义 2.3 设 $X_1\sim\chi^2(n_1)$，$X_2\sim\chi^2(n_2)$，并且 X_1 与 X_2 相互独立，则称随机变量 $F=\dfrac{X_1/n_1}{X_2/n_2}$ 服从参数为 (n_1,n_2) 的 F 分布．记作：$F\sim F(n_1,n_2)$，n_1 与 n_2 分别称为第一自由度与第二自由度．

F 分布的概率密度函数为

$$f(x)=\begin{cases}\Gamma[(n_1+n_2)/2](n_1/n_2)^{n_1/2}x^{n_1/2-1}(1+n_1/n_2)^{-(n_1+n_2)/2}/\Gamma(n_1/2)\Gamma(n_2/2) & x>0\\ 0 & x\leqslant 0\end{cases}$$

$f(x)$ 的图形如图 6－5 所示．

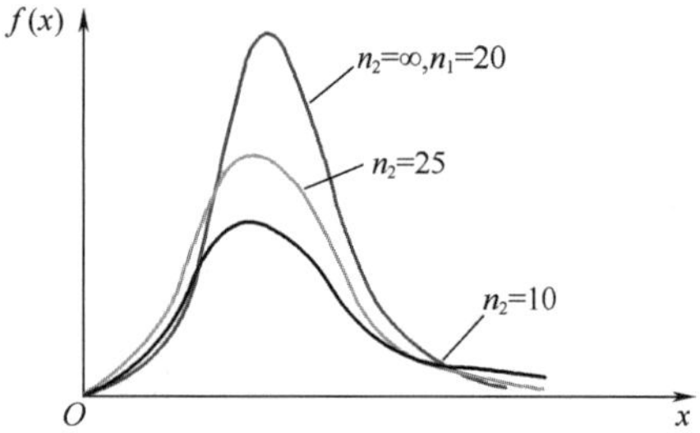

图 6－5 F 分布曲线图

F 分布经常被用来对两个样本方差进行比较．它是方差分析的一个基本分布，也被用于回归分析中的显著性检验．

定理 5 设 $x_1,x_2,\cdots,x_n$ 是来自正态总体 $X\sim N(\mu_1,\sigma^2)$ 的样本，$y_1,y_2,\cdots,y_n$ 是来自正态总体 $Y\sim N(\mu_2,\sigma^2)$ 的样本，且 X 与 Y 相互独立，则随机变量 $s_1^2/s_2^2\sim F(n_1-1,n_2-1)$，其中 s_1^2,s_2^2 分别是两正态总体的样本方差，n_1,n_2 分别是两总体的样本容量．

F 分布的概率值计算

F 分布的上 α 分位点 $F_\alpha(n_1,n_2)$ 是指满足 $\int_{F_\alpha(n_1,n_2)}^{+\infty}f(x)\mathrm{d}x=\alpha$，$(0<\alpha<1)$ 的点 $F_\alpha(n_1,n_2)$，其中 $f(x)$ 是 F 分布的概率密度，如图 6－6 所示．

$F_\alpha(n_1,n_2)$ 具有性质：$F_{1-\alpha}(n_1,n_2)=1/F_\alpha(n_2,n_1)$.

这个性质常用来求 F 分布表中没有包括的某些值．如查附表 5 得 $F_{0.10}(6,10)=2.46$，而要求 $F_{0.90}(6,10)$，可查得 $F_{0.90}(10,6)=2.94$，再利用上述性质得：

$F_{0.90}(6,10)=1/F_{0.10}(10,6)=1/2.94=0.34$.

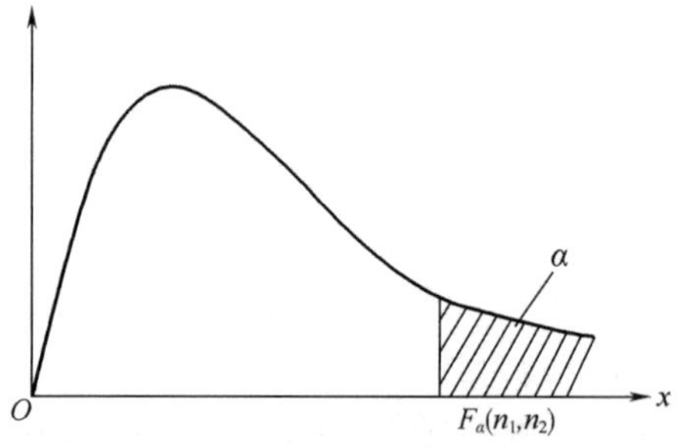

图 6－6 F 分布的上侧分位数

以上我们就 χ^2 分布、F 分布的 α 上侧分位点（或临界值），t 分布的 α 双侧分位点（或临界值）都作了说明，在此将标准正态分布的 α 双侧分位点（或临界值）作以说明，记作 Z_α，以备后用．

设 $Z\sim N(0,1)$，则 α 双侧分位点（或临界值）Z_α，满足 $P(|Z|>Z_\alpha)=\alpha$，即 $P(Z>Z_\alpha)=\alpha/2$ 或者 $P(Z<-Z_\alpha)=\alpha/2$.

当 α 给定后，Z_α 的数值可查附表 2 获得，例

如，$\alpha=0.05, Z_{\alpha}=1.96$；$\alpha=0.01, Z_{\alpha}=2.58$.

其他结论：

定理 6 设 $x_1, x_2, \cdots, x_n$ 是来自正态总体 $X \sim N(\mu_x, \sigma_x^2)$ 的样本，$y_1, y_2, \cdots, y_n$ 是来自正态总体 $Y \sim N(\mu_y, \sigma_y^2)$，且 X 与 Y 相互独立，则随机变量 $\bar{x}$ 和 $\bar{y}$ 彼此独立，$\bar{x}-\bar{y}$ 遵从均值为 $\mu_{\bar{x}-\bar{y}}$，标准差为 $\sigma_{\bar{x}-\bar{y}}=\sqrt{\frac{\sigma_x^2}{n_x}+\frac{\sigma_y^2}{n_y}}$ 的正态分布.

习题 6-2

1. 查表计算：

①已知自由度 $df=5$ 的 t 分布，求置信水平为 0.05 的双侧、上侧、下侧临界值；

②已知自由度 $df=10$ 的 χ^2 分布，求满足 $P(\chi^2<\lambda)=0.005$ 的 λ 值；

③$df=2$ 时，分别求 $P(\chi^2 \leqslant 0.05)$；$P(\chi^2>5.99)$；$P(0.05<\chi^2<7.38)$；

④已知 $F \sim F(3,10)$，$\alpha=0.05$，求 F 关于 α 的上侧和下侧临界值.

2. 什么是抽样分布？它在统计推断中有什么重要意义？

3. 什么是单侧分位数和双侧分位数？它们有什么区别？

第三节 参数的点估计

统计推断可以分为两类基本问题：估计与假设检验. 估计又分为参数估计和非参数估计. 参数估计是数理统计基本方法之一. 我们把刻画总体某些特征的常数称为参数，最常用的总体参数是总体平均数和总体方差. 当总体的分布类型已知，对它的一个或多个未知参数进行估计时，称为参数估计，否则称为非参数估计. 参数估计分为点估计和区间估计.

假设总体的分布函数形式已知，但它的未知参数为 θ，从该总体随机抽取样本，样本的观察值为 $x_1, x_2, \cdots, x_n$，很自然地会想到用样本的观察值估计总体参数的值，这类问题称为参数的点估计（定值估计）问题. 有时不是对参数作定值估计，而是要估计参数的一个所在范围，并指出该参数被包含在该范围内的概率，这类问题称为参数的区间估计. 本节介绍点估计.

一般地说，设总体待估参数为 θ，$x_1, x_2, \cdots, x_n$ 为总体 X 的一个样本，构造一个统计量 $\hat{\theta}=\hat{\theta}(x_1, x_2, \cdots, x_n)$ 作为参数 θ 的估计，称统计量 $\hat{\theta}$ 为参数 θ 的一个估计量，当 $x_1, x_2, \cdots, x_n$ 为一组样本值时，则 $\hat{\theta}=\hat{\theta}(x_1, x_2, \cdots, x_n)$ 就是 θ 的一个点估计值. 点估计有很多方法，这里只介绍常用的两种方法：矩估计法和最大似然估计法.

一、矩估计法

矩估计法就是利用样本各阶矩与相应的总体矩，来建立估计量应满足的方程，从而求出未知参数估计量的方法.

定义 3.1 设总体 X 的分布中包含未知参数 $\theta_1, \theta_2, \cdots, \theta_m$，则其分布函数可以表示成 $F(x; \theta_1, \theta_2, \cdots, \theta_m)$，显然它的 r 阶原点矩 $v_r=E(x^r)(r=1,2,\cdots,m)$ 中也包含了未知参数 $\theta_1, \theta_2, \cdots, \theta_m$，即 $v_r=v_r(\theta_1, \theta_2 \cdots, \theta_m)$. 又设 $x_1, x_2, \cdots, x_n$ 为总体 X 的一个样本的 n 个样本值，样本的 r 阶原点矩为 $v_r=\frac{1}{n}\sum_{k=1}^{n} x_k^r (r=1,2,\cdots,m)$.

按照“当参数等于其估计量时,总体矩等于相应样本矩”的原则建立方程,即有:

$$\begin{cases} v_1(\hat{\theta}_1,\hat{\theta}_2,\cdots,\hat{\theta}_m) = \dfrac{1}{n}\sum\limits_{k=1}^{n} x_k \\ v_2(\hat{\theta}_1,\hat{\theta}_2,\cdots,\hat{\theta}_m) = \dfrac{1}{n}\sum\limits_{k=1}^{n} x_k^2 \\ \cdots \\ v_m(\hat{\theta}_1,\hat{\theta}_2,\cdots,\hat{\theta}_m) = \dfrac{1}{n}\sum\limits_{k=1}^{n} x_k^m \end{cases}$$

由上面 m 个方程,解出 m 个未知参数 $\hat{\theta}_1,\hat{\theta}_2,\cdots,\hat{\theta}_m$ 就是参数 $\hat{\theta}_1,\hat{\theta}_2,\cdots,\hat{\theta}_m$ 的矩估计量.

例 1 设 $x_1,x_2,\cdots,x_n$ 是来自正态总体 $N(\mu,\sigma^2)$的一个样本,试求 μ 和 σ^2 的估计量.

解:因为 $x_1,x_2,\cdots,x_n$ 是来自正态总体 $N(\mu,\sigma^2)$的一个样本,因此 $E(x_k)=\mu,D(x_k)=\sigma^2$, $k=1,2,\cdots,n$.

因为 $D(x_k)=E(x_k^2)-[E(x_k)]^2$,于是 $E(x_k^2)=D(x_k)+[E(x_k)]^2=\sigma^2+\mu^2$,

从而有 $\begin{cases} \hat{\mu} = \dfrac{1}{n}\sum\limits_{k=1}^{n} x_k \\ \hat{\sigma}^2+\hat{\mu}^2 = \dfrac{1}{n}\sum\limits_{k=1}^{n} x_k^2 \end{cases}$

从上式解出 $\hat{\mu}$ 和 $\hat{\sigma}^2$,得 $\begin{cases} \hat{\mu} = \bar{x} \\ \hat{\sigma}^2 = \dfrac{1}{n}\sum\limits_{k=1}^{n} x_k^2 - \bar{x}^2 = \dfrac{1}{n}\sum\limits_{k=1}^{n}(x_k-\bar{x})^2 \end{cases}$,

若要求标准差 σ 的估计量 $\hat{\sigma}$,则从上式可得: $\hat{\sigma} = \sqrt{\dfrac{1}{n}\sum\limits_{k=1}^{n}(x_k-\bar{x})^2}$.

例 2 设某种灯泡寿命 $X\sim N(\mu,\sigma^2)$,其中 μ 和 σ^2 未知,今随机抽取 5 只灯泡,测得寿命(单位:h)分别为 1623,1527,1287,1432,1591,求 μ 和 σ^2 的估计值.

解:根据例 1 的结论,得

$$\begin{cases} \hat{\mu} = \bar{x} = \dfrac{1}{5}(1623+1527+1287+1432+1591) = 1492 \\ \hat{\sigma_2} = \dfrac{1}{n}\sum\limits_{i=1}^{n} x_k^2 - \bar{x}^2 = \dfrac{1}{5}(1623^2+1527^2+\cdots+1591^2) - 1492^2 = 14762.4 \end{cases}$$

即 μ 和 σ^2 的估计值分别为 $\begin{cases} \hat{\mu}=1492 \\ \hat{\sigma}^2=14762.4 \end{cases}$.

例 3 设 X 服从均匀分布 $f(x)=\begin{cases} \dfrac{1}{\beta},0<x<\beta \\ 0,其他 \end{cases}$,设 1.3,0.6,1.7,2.2,0.3,1.1 是总体 X 的一组样本值,试估计这个总体的数学期望、方差以及参数 β.

解:分别用样本的均值和方差估计总体的均值和方差,

故总体期望的估计值为 $\bar{x}=\dfrac{1}{6}(1.3+0.6+1.7+2.2+0.3+1.1)=1.2$.

总体方差的估计值为 $s^2=\dfrac{1}{6-1}(1.3^2+0.6^2+1.7^2+2.2^2+0.3^2+1.1^2)-1.2^2=0.776$.

为了估计参数β,先求总体的数学期望$E(X)$,$E(X) = \int_{-\infty}^{+\infty} xf(x)\mathrm{d}x = \int_0^{\beta} \frac{x}{\beta}\mathrm{d}x = \frac{\beta}{2}$.

令$\frac{\beta}{2} = \bar{x}$,则得$\beta$的矩估计值$\hat{\beta}$为$\hat{\beta} = 2\bar{x} = 2 \times 1.2 = 2.4$.

二、最大似然估计法

定义3.2 设$x_1,x_2,\cdots,x_n$是来自密度为$f(x;\theta)$的一个样本,θ是未知参数,称$f(x_1;\theta)f(x_2;\theta)\cdots f(x_n;\theta)$为$\theta$的似然函数,记作$L(\theta;x_1,x_2,\cdots,x_n)$,

即$L(\theta;x_1,x_2,\cdots,x_n) = f(x_1;\theta)f(x_2;\theta)\cdots f(x_n;\theta)$.

由于样本值$x_1,x_2,\cdots,x_n$是已知确定的值,而θ是未知的,因此,似然函数是关于θ的函数.

最大似然估计法的直观想法就是:既然随机试验的结果得到样本观测值$x_1,x_2,\cdots,x_n$,说明这组样本观测值出现的可能性(概率)最大,因此我们所选取的参数θ的估计值$\hat{\theta}$应使似然函数$L(\theta;x_1,x_2,\cdots,x_n)$达到极大值,即当参数$\theta$用$\hat{\theta}$作估计量时$L(\theta;x_1,x_2,\cdots,x_n) = \max$. 使似然函数$L(\theta;x_1,x_2,\cdots,x_n)$达到极大值的$\hat{\theta}$称为参数$\theta$的最大似然估计量,记作$\hat{\theta} = \hat{\theta}(x_1,x_2,\cdots,x_n)$. 于是,确定最大似然估计量的问题就转化为微积分中求极值的问题. 如果似然函数$L(\theta;x_1,x_2,\cdots,x_n)$关于参数$\theta$是可微的,求$L(\theta;x_1,x_2,\cdots,x_n)$的极大值时,解方程$\frac{\mathrm{d}L}{\mathrm{d}\theta} = 0$,从中得到$\theta$,经过适当检验,便可得到$\theta$的最大似然估计量$\hat{\theta}$,实际计算时,由于似然函数$L(\theta;x_1,x_2,\cdots,x_n)$是多个函数连续乘积的形式,直接对函数$L$求导比较困难,考虑到$\ln L$是$L$的增函数,$L$与$\ln L$应该在$\theta$的同一值处取得最大值,因此,往往先对$L$取对数,然后再解方程$\frac{\mathrm{d}\ln L}{\mathrm{d}\theta} = 0$,从中得到的使$\ln L$取得极大值的$\hat{\theta}$,$\hat{\theta}$就是参数$\theta$的最大似然估计量.

例4 设总体X的分布为指数分布,其密度为$f(x,\lambda) = \begin{cases} \lambda e^{-\lambda x}, x > 0 \\ 0, x \leqslant 0 \end{cases}$其中$\lambda$为未知参数。设$x_1,x_2,\cdots,x_n$是来自总体$X$的一个样本,求参数$\lambda$的最大似然估计.

解:似然函数为:$L(\lambda;x_1,x_2,\cdots,x_n) = f(x_1;\lambda)f(x_2;\lambda)\cdots f(x_n;\lambda) = \begin{cases} \lambda^n e^{-\lambda \sum_{k=1}^{n} x_k}, x > 0 \\ 0, x \leqslant 0 \end{cases}$,

取对数,得$\ln L = n\ln\lambda - \lambda \sum_{k=1}^{n} x_k$,

解方程$\frac{\mathrm{d}\ln L}{\mathrm{d}\lambda} = \frac{n}{\lambda} - \sum_{k=1}^{n} x_k = 0$,故参数$\lambda$的最大似然估计量为$\hat{\lambda} = \frac{n}{\sum_{k=1}^{n} x_k} = \frac{1}{\bar{x}}$.

总体分布X中含有两个未知参数θ_1,θ_2时,最大似然估计法仍然适用,这时似然函数是二元函数$L(\theta_1,\theta_2;x_1,x_2,\cdots,x_n)$.

由二元函数极值原理$\begin{cases} \frac{\partial \ln L}{\partial \theta_1} = 0 \\ \frac{\partial \ln L}{\partial \theta_2} = 0 \end{cases}$,从中解出使$\ln L$取得极大值的$\hat{\theta}_1,\hat{\theta}_2$,$\hat{\theta}_1,\hat{\theta}_2$就是参数$\theta_1,\theta_2$的最大似然估计量.

例 5 设 $x_1,x_2,\cdots,x_n$ 是正态总体 $N(\mu,\sigma^2)$ 的一个样本,试求 μ 和 σ^2 的最大似然估计.

解:似然函数是

$$L(\mu,\sigma^2;x_1,x_2,\cdots,x_n)=\prod_{k=1}^{n}(\frac{1}{\sigma\sqrt{2\pi}}e^{-\frac{1}{2\sigma^2}(x_k-\mu)^2})=(\frac{1}{\sigma\sqrt{2\pi}})^n e^{-\frac{1}{2\sigma^2}\sum_{k=1}^{n}(x_k-\mu)^2}.$$

取对数 $\ln L=n\ln(\frac{1}{\sigma\sqrt{2\pi}})-\frac{1}{2\sigma^2}\sum_{k=1}^{n}(x_k-\mu)^2=-n\ln\sqrt{2\pi}-\frac{n}{2}\ln\sigma^2\sum_{k=1}^{n}(x_k-\mu)^2$

解方程组 $\begin{cases}\dfrac{\partial\ln L}{\partial\mu}=-\dfrac{1}{2\partial}2(-1)\sum_{k=1}^{n}(x_k-\mu)=0\\ \dfrac{\partial\ln L}{\partial\sigma^2}=-\dfrac{n}{2\sigma^2}+\dfrac{1}{2(\sigma^2)^2}\sum_{k=1}^{n}(x_k-\mu)^2=0\end{cases}$

得到 $\begin{cases}\mu=\dfrac{1}{n}\sum_{k=1}^{n}x_k\\ \sigma^2=\dfrac{1}{n}\sum_{k=1}^{n}(x_k-\bar{x})^2\end{cases}$

于是得到 μ 和 σ^2 的最大似然估计是 $\begin{cases}\hat{\mu}=\dfrac{1}{n}\sum_{k=1}^{n}x_k=\bar{x}\\ \hat{\sigma}^2=\dfrac{1}{n}\sum_{k=1}^{n}(x_k-\bar{x})^2\end{cases}$ 与矩估计法的结论相同.

上面举的例子都是似然函数可导的情形,如果似然函数不可导,如何求似然函数的最大值呢?请看下面的例子.

例 6 设 $x_1,x_2,\cdots,x_n$ 是均匀分布 $f(x)=\begin{cases}\dfrac{1}{\beta},0<x<\beta\\ 0,其他\end{cases}$ 的一个样本,求参数 β 的极大似然估计.

解:似然函数为 $L(\beta;x_1,x_2,\cdots,x_n)=f(x_1;\beta)f(x_2;\beta)\cdots f(x_n;\beta)$

$$=\begin{cases}(\frac{1}{\beta})^n,0<x_k<\beta,k=1,2,\cdots,n\\ 0,\end{cases}$$

从似然函数 $L(\beta;x_1,x_2,\cdots,x_n)$ 与 β 的关系式可以看出,β 越小,$L(\beta;x_1,x_2,\cdots,x_n)$ 就越大,它的最大值在 β 可能取的最小值上达到,而 β 必须大于 $x_i(i=1,2,\cdots,n)$,因此,$L(\beta;x_1,x_2,\cdots,x_n)$ 的最大值点是 $\max\limits_{1\leqslant k\leqslant n}x_k$,于是得到 β 的极大似然估计是 $\hat{\beta}=\max\limits_{1\leqslant k\leqslant n}x_k$.

三、估计量的评优标准

前面我们介绍了求参数点估计的两种方法。对于同一个参数,可以采用不同的估计量进行估计。例如,可以用样本均值 $\bar{x}=\dfrac{1}{n}\sum_{k=1}^{n}x_k$ 估计 μ,除此之外也可以用其他的估计量估计 μ.比如说,可以用 $\hat{\mu}=\sum_{k=1}^{n}\alpha_k x_k$ 估计 μ,其中 α_k 满足 $\alpha_k>0,k=1,2,\cdots n$,且 $\sum_{k=1}^{n}\alpha_k=1$.

那么这两个估计量哪一个比较好呢?我们总希望用一个最好的估计量估计未知参数.需要指出,所谓估计量的好坏,并不是指估计量的一次观测值而言的,因为,对于某个样本,可能 $\bar{x}$ 比 $\hat{\mu}$ 更接近于 μ,但是对于另一个样本,$\hat{\mu}$ 可能比 $\bar{x}$ 更接近于 μ,所以估计的好坏是对估计量而言的,通常用无偏性和有效性两个标准评价估计量好坏.

1. 无偏性

定义 3.3 设 $\hat{\theta}=\hat{\theta}(x_1,x_2,\cdots,x_n)$ 为待估参数 θ 的估计量,若 $\hat{\theta}$ 的数学期望存在,且满足 $E(\hat{\theta})=\theta$,则称 $\hat{\theta}$ 是 θ 的一个无偏估计量(或无偏估计). 这里,由于我们是根据样本值制定的估计值 $\hat{\theta}$,故 $\hat{\theta}$ 为统计量,因而为随机变量,它是样本值和样本单元数 n 的函数.

例 7 证明:$\hat{\mu}_2=\sum\limits_{k=1}^{n}\alpha_k x_k(\alpha_k>0,k=1,2,\cdots,n)$,且 $\sum\limits_{k=1}^{n}\alpha_k=1$ 是总体 μ 的无偏估计量.

证: 因为 $E(\hat{\mu}_2)=E(\sum\limits_{k=1}^{n}\alpha_k x_k)=\sum\limits_{k=1}^{n}[\alpha_k E(x_k)]=\mu\sum\limits_{k=1}^{n}\alpha_k=\mu$,所以 $\hat{\mu}_2$ 是 μ 的无偏估计.

例 8 设 $x_1,x_2,\cdots,x_n$ 是来自总体 X 的一个样本,证明:

(1) 样本均值 $\bar{x}=\dfrac{1}{n}\sum\limits_{k=1}^{n}x_k$ 为总体均值 μ 的无偏估计;

(2) 统计量 $\dfrac{1}{n}\sum\limits_{k=1}^{n}(x_k-\bar{x})^2$ 不是总体方差 σ^2 的无偏估计,而 $\hat{\sigma}^2=\dfrac{1}{n-1}\sum\limits_{k=1}^{n}(x_k-\bar{x})^2$ 是 σ^2 的无偏估计.

证: (1) 由于 $E(x_k)=\mu,k=1,2,\cdots,n$,所以 $E(\bar{x})=\dfrac{1}{n}E(\sum\limits_{k=1}^{n}x_k)=\dfrac{1}{n}\sum\limits_{k=1}^{n}Ex_k=\mu$;

$$
\begin{aligned}
(2)\ E(s^2)&=E[\frac{1}{n}\sum_{k=1}^{n}(x_k-\bar{x})^2]=\frac{1}{n}E[\sum_{k=1}^{n}(x_k-\mu+\mu-\bar{x})^2]\\
&=\frac{1}{n}E[\sum_{k=1}^{n}(x_k-\mu)^2-2\sum_{k=1}^{n}(x_k-\mu)(\bar{x}-\mu)+n(\bar{x}-\mu)^2]\\
&=\frac{1}{n}E[\sum_{k=1}^{n}(x_k-\mu)^2-n(\bar{x}-\mu)^2]\\
&=\frac{1}{n}\sum_{k=1}^{n}E(x_k-\mu)^2-E(\bar{x}-\mu)^2\\
&=\frac{1}{n}\sum_{k=1}^{n}D(x_k)-D(\bar{x})\\
&=\frac{1}{n}n\sigma^2-\frac{\sigma^2}{n}\\
&=\frac{n-1}{n}\sigma^2
\end{aligned}
$$

$$E(\hat{\sigma}^2)=E\left(\frac{n}{n-1}s^2\right)=\frac{n}{n-1}\cdot\frac{n-1}{n}\sigma^2=\sigma^2.$$

注: 无偏性的要求并不是总能满足的. 例如对正态总体,虽然 $\hat{\sigma}^2=\dfrac{1}{n-1}\sum\limits_{k=1}^{n}(x_k-\bar{x})^2$ 是 σ^2 的无偏估计,但是 $\sqrt{\dfrac{1}{n-1}\sum\limits_{k=1}^{n}(x_k-\bar{x})^2}$ 却不是总体标准差 σ 的无偏估计.

对参数的估计量要求具有无偏性是合理的,因为 $\hat{\theta}$ 是一个随机变量,$E(\hat{\theta})$ 是 $\hat{\theta}$ 的代表性值,$E(\hat{\theta})=\hat{\theta}$ 就是要求 $\hat{\theta}$ 理论上的均值就是客观的 θ. 但是,只根据无偏性来确定估计量是不够的,因为虽然 $E(\hat{\theta})=\hat{\theta}$,但是若 $D(\hat{\theta})$ 很大,即 $\hat{\theta}$ 对 θ 的偏离程度很大,那么这个估计量也不是很好. 因此,对于 θ 的所有无偏估计量而言,方差越小越好,这就是有效性的要求.

2. 有效性

定义 3.4 若 θ_1,θ_2 都是 θ 的无偏估计,而且 $D(\theta_1)<D(\theta_2)$,则称 θ_1 比 θ_2 更有效.

例 9 若总体 X 服从泊松分布 $P(X=k)=\frac{e^{-\lambda}}{k!}\lambda^k, k=0,1,2,\cdots$,对于容量为 $n(n>2)$ 的样本 $x_1,x_2,\cdots,x_n$,证明:$\hat{\lambda}_1=\bar{x}$ 比 $\hat{\lambda}_2=(x_1+x_2)/2$ 有效.

证:因为 $E(x_i)=\lambda$,所以 $E(\hat{\lambda}_1)=\lambda, E(\hat{\lambda}_2)=\lambda$,即 $\hat{\lambda}_1$ 与 $\hat{\lambda}_2$ 都是 λ 的无偏估计,但是 $D(\hat{\lambda}_1)=\frac{\lambda}{n}, D(\hat{\lambda}_2)=\frac{\lambda}{2}$,所以 $\hat{\lambda}_1$ 比 $\hat{\lambda}_2$ 有效.

从上面两个评定估计量好坏的标准可知:方差小的无偏估计是较佳的估计.

可以证明:

(1)频率 $\frac{k}{n}$ 是概率 p 的最小方差无偏估计;

(2)若总体 X 服从正态分布 $N(\mu,\sigma^2)$,则 $\bar{x}$ 与 $\hat{\sigma}^2=\frac{1}{n-1}\sum_{k=1}^{n}(x_k-\bar{x})^2$ 分别是 μ 与 σ^2 的最小方差无偏估计量.

习题 6-3

1. 已知总体 X 的分布列为

X	1	2	3
P	θ^2	$2\theta(1-\theta)$	$(1-\theta)^2$

$0<\theta<1$;$x_1,x_2,\cdots,x_n$ 是来自总体 X 的一个样本,求 θ 的矩估计.

2. 设总体 X 的概率分布密度函数为:$p(x;\theta)=\frac{1}{2\theta}\exp(-\frac{|x|}{\theta})(-\infty<x<+\infty)$,$x_1,x_2,\cdots,x_n$ 是来自总体 X 的一个样本,试求参数 θ 的矩估计和最大似然估计.

3. 设总体 X 的概率分布密度函数为 $p(x)=\frac{1}{\theta_2}e^{-\frac{x-\theta_1}{\theta_2}}(\theta_1<x<+\infty,\theta_2>0)$,$x_1,x_2,\cdots,x_n$ 是来自总体 X 的样本,试求 θ_1 和 θ_2 的矩估计.

4. 设总体 X 的概率分布密度函数为 $p(x)=\begin{cases}e^{-(x-\theta)}, x\geqslant\theta\\0, x<\theta\end{cases}$,$x_1,x_2,\cdots,x_n$ 是来自总体 X 的一个样本,试求参数 θ 的最大似然估计.

第四节 区间估计

用统计量的一个确定值 $\hat{\theta}$ 去估计未知参数 θ,给了 θ 一个近似值,这是很有用的,它给了人们一个明确的数量概念,但是它也有缺陷,它没有给出这种近似的精确度,即没有给出误差的范围. 换句话说,这种点估计没有给出它的可靠程度. 例如,对一个物体的长度重复测量 10 次,得平均值 1.10m. 很自然用 1.10m 估计真实长度 θ,实际上 θ 未必就是 1.10m. 但如果我们说 θ 在 1.10m 附近,或者说 θ 在以 1.10m 为中心的某一个小区间内,如 θ 在[1.08m,1.12m]

之内,这就更合理些. 这种用一个区间来估计参数的方法称为区间估计. 下面我们主要讨论正态总体的数学期望和方差的区间估计问题.

一、置信区间与置信度

先看一个例子.

例 1 设 $x_1,x_2,\cdots,x_n$ 是物体长度 θ 的测量值,已知测量误差 $\varepsilon_k(k=1,2,\cdots,n)$ 是各次独立的,都遵从 $N(0,\sigma^2)$,其中 σ 是已知的常数,问以 99% 的把握可以断言长度的真值 θ 在什么范围内?

解: 因为测量值 $x_k=\theta+\varepsilon_k$,有 $E(x_k)=\theta,D(x_k)=D(\varepsilon_k)$. $x_1,x_2,\cdots,x_n$ 是独立同分布的随机变量,即 $x_i\sim N(\theta,\sigma^2)$,于是 θ 的点估计量 $\bar{x}=\frac{1}{n}\sum\limits_{k=1}^{n}x_k\sim N\left(\theta,\frac{\sigma^2}{n}\right)$.

由正态分布的性质可知 $P(|\bar{x}-\theta|\leqslant 2\sigma)=0.95$,$P(|\bar{x}-\theta|\leqslant 3\sigma)=0.99$,

也即以 0.95 的概率断言不等式 $|\bar{x}-\theta|\leqslant 2\sigma$ 成立,此不等式就是 $\bar{x}-2\sigma\leqslant\theta\leqslant\bar{x}+2\sigma$ 或写成 $\theta\in[\bar{x}-2\sigma,\bar{x}+2\sigma]$. 这样就获得了长度真值 θ 的一个估计区间. 该区间称为置信度为 95% 的置信区间,当然,也可能碰上这个区间不包含真值 θ 的偶然情况出现,这种偶然情况的概率有 5%(即 1-95%).

完全类似,有以 99% 的把握(概率)断言真值 $\theta\in[\bar{x}-3\sigma,\bar{x}+3\sigma]$.

定义 4.1 设 $x_1,x_2,\cdots,x_n$ 是分布密度为 $f(x;\theta)$ 的一个样本,对给定的 $0<\alpha<1$,如能求得两个统计量 $\underline{\theta}(x_1,x_2,\cdots,x_n)$ 及 $\bar{\theta}(x_1,x_2,\cdots,x_n)$,使得 $P[\underline{\theta}(x_1,x_2,\cdots,x_n)\leqslant\bar{\theta}(x_1,x_2,\cdots,x_n)]=1-\alpha$,

则称 $1-\alpha$ 为置信度,称为区间 $[\underline{\theta}(x_1,x_2,\cdots,x_n),\bar{\theta}(x_1,x_2,\cdots,x_n)]$ 为参数 θ 的置信度为 $1-\alpha$ 的置信区间. 置信度简称为信度,置信度为 $1-\alpha$ 的置信区间在不至于混淆时也简称为置信区间.

置信区间的含义是:在重复的随机抽样中,如果得到很多上述区间,则其中的 $100\%(1-\alpha)$ 分含有真值 θ,而只有 $100\%\alpha$ 不包含真值 θ. 从定义看出,置信区间是与一定的概率保证相对应的;概率大的相应的置信区间长度就长;概率相同时,测量精度越高(测量误差越小),相应的置信区间就越短.

总结例 1 的解题过程,可以归纳出求置信区间的步骤:

(1)明确问题:明确要估计的参数,如例 1 中要估计的参数是 θ(总体的期望);确定置信度.

(2)用参数的点估计,导出估计量的分布。例 1 中用 θ 的估计量 $\bar{x}$,并已知 $\bar{x}\sim N\left(\theta,\frac{\sigma^2}{n}\right)$.

(3)利用估计量的分布给出置信区间。例 1 中利用 $\bar{x}\sim N\left(\theta,\frac{\sigma^2}{n}\right)$ 导出 $P(|\bar{x}-\theta|\leqslant 2\sigma)=0.95$,于是 $\theta\in[\bar{x}-2\sigma,\bar{x}+2\sigma]$.

二、数学期望的区间估计

对数学期望的区间估计分已知方差或未知方差两种类型的情况。

1. 已知方差 σ^2,对期望 μ 进行区间估计

设 $x_1,x_2,\cdots,x_n$ 为总体 $N(\mu,\sigma^2)$ 的一个样本,并且 σ^2 已知且 $\sigma^2=\sigma_0^2$,而 μ 未知,要估计总

体平均数μ. 由抽样分布理论可知$E(\bar{x})=\mu,\bar{x}\sim N\left(\mu,\frac{\sigma_0^2}{n}\right)$. 对$\mu$作区间估计时,可将$\bar{x}$进行标准化变换后,得到

$$\text{统计量}\ Z=\frac{\bar{x}-\mu}{\sigma_0/\sqrt{n}}\sim N(0,1) \tag{6-5}$$

对于事先给定的危险率α或可靠性$p=1-\alpha$,有

$$P(|Z|\leqslant Z_\alpha)=1-\alpha\text{(图 6-7)} \tag{6-6}$$

从而可得

$$P(|\bar{x}-\mu|\leqslant Z_\alpha\sigma_0/\sqrt{n})=1-\alpha \tag{6-7}$$

$$\text{或}\ P(\bar{x}-Z_\alpha\sigma_0/\sqrt{n}\leqslant\mu\leqslant\bar{x}+Z_\alpha\sigma_0/\sqrt{n})=1-\alpha \tag{6-8}$$

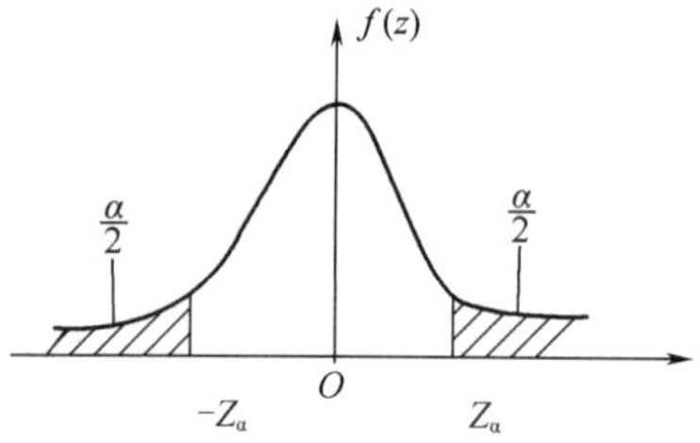

图 6-7　标准正态分布的双侧临界值

故所求期望μ的置信度为$1-\alpha$的置信区间为$\left(\bar{x}-Z_\alpha\frac{\sigma_0}{\sqrt{n}},\bar{x}+Z_\alpha\frac{\sigma_0}{\sqrt{n}}\right)$.

在统计推断中,样本平均数即统计量$\bar{x}$的标准差称为标准误差,记作$\sigma_{\bar{x}}$,即$\sigma_{\bar{x}}=\sqrt{D(\bar{X})}$. 现在$\sigma_{\bar{x}}=\sigma/\sqrt{n}$,对于可靠性$p=1-\alpha$,绝对误差限

$$\Delta=Z_\alpha\sigma_{\bar{x}}=Z_\alpha\sigma/\sqrt{n} \tag{6-9}$$

Z_α称为标准正态分布的双侧分位数或临界值,μ的估计区间为$(\bar{x}-\Delta,\bar{x}+\Delta)$.

以上估计是基于统计量$Z=(\bar{x}-\mu)/(\sigma/\sqrt{n})$遵从标准正态分布进行的,故称这种估计为$Z$估计.

例 2　从正态总体$N(\mu,4^2)$中抽取容量为 4 的样本,样本均值为$\bar{x}=\frac{1}{n}\sum_{i=1}^{n}x_i=13.2$. 求$\mu$的置信度为 0.95 的置信区间.

解:因为$1-\alpha=0.95$,所以$\alpha=0.05$,查标准正态分布的双侧临界值表得$Z_{0.05}=1.96$. 于是,$\bar{x}-Z_\alpha\frac{\sigma_0}{\sqrt{n}}=13.2-1.96\frac{4}{\sqrt{4}}=9.28$,$\bar{x}+Z_\alpha\frac{\sigma_0}{\sqrt{n}}=13.2+1.96\times\frac{4}{\sqrt{4}}=17.12$,即$\mu$的置信度为 0.95 的置信区间(9.28,17.12).

例 3　通过对以往进城务工人员月工资收入的分析可知,他们的月工资μ近似服从正态分布$N(\mu,73.1^2)$. 某市采用简单随机抽样的方法,随机抽取了 100 名进城务工人员,对他们的月收入进行调查,结果为 600～800 元的 2 人;800～1000 元的 30 人;1000～1200 元的 50 人;1200～1400 元的 18 人. 试以 95% 的置信度估计该市进城务工人员月平均工资收入的置信区间.

解:首先计算出该 100 名务工人员的月平均工资,利用各组的组中值(即 700,900,1100,1300)代替该组的平均收入,

$$\bar{x}=\frac{1}{n}\sum_{i=1}^{n}f_ix_i=\frac{1}{100}(2\times700+30\times900+50\times1100+18\times1300)=1068\text{ 元}.$$

因为置信度$1-\alpha=95\%$,所以$\alpha=0.05$,查标准正态分布的双侧临界值表得$Z_{0.05}=1.96$. 于是,$\bar{x}-Z_\alpha\frac{\sigma}{\sqrt{n}}=1068-1.96\frac{73.1}{\sqrt{100}}\approx1054$元,$\bar{x}+Z_\alpha\frac{\sigma}{\sqrt{n}}=1068+1.96\frac{73.1}{\sqrt{100}}\approx1082$元,即$\mu$的

置信度为 0.95 的置信区间(1054,1082)元.

2. 未知方差 σ^2,对期望 μ 进行区间估计

设 $x_1,x_2,\cdots,x_n$ 为总体 $N(\mu,\sigma^2)$ 的一个样本,由于 σ^2 未知,用 σ^2 的无偏估计即样本方差 $s^2 = \frac{1}{n-1}\sum_{i=1}^{n}(x_i-\bar{x})^2$ 来估计 σ^2,并且由 t 分布可知:

$$T=\frac{\bar{x}-\mu}{s/\sqrt{n}} \sim t(n-1) \qquad (6-10)$$

上述统计量遵从自由度 $n-1$ 的 t 分布,对于给定的可靠性 $p=1-\alpha$,由 α 和自由度 $n-1$ 查得 t 分布双侧 α 分位数 t_α(图 6-8),有

$$P(|T|\Delta t_\alpha)=1-\alpha \qquad (6-11)$$

即

$$P(|\bar{x}-\mu|\leqslant t_\alpha s/\sqrt{n})=1-\alpha \qquad (6-12)$$

或

$$P(\bar{x}-t_\alpha s/\sqrt{n}\leqslant\mu\leqslant\bar{x}+t_\alpha s/\sqrt{n})=1-\alpha \qquad (6-13)$$

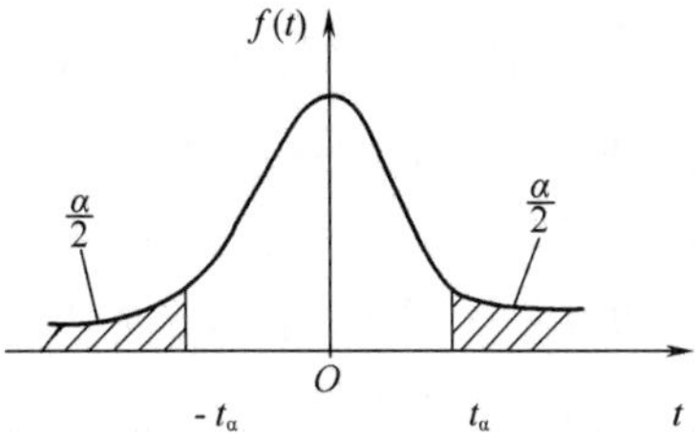

图 6-8　t 分布的双侧临界值

于是对 μ 作区间估计时,对于可靠性 $p=1-\alpha$,估计的误差限为

$$\Delta=t_\alpha s/\sqrt{n} \qquad (6-14)$$

μ 的估计区间为$(\bar{x}-\Delta,\bar{x}+\Delta)$,即$(\bar{x}-t_\alpha s/\sqrt{n},\bar{x}+t_\alpha s/\sqrt{n})$.

例 4　用某仪器测量温度,重复测 5 次,得 1250℃,1260℃,1265℃,1245℃,1275℃. 若测得的数据服从正态分布,试求温度真值所在的范围?($\alpha=0.05$)

解:在总体方差未知的情况下,总体均值 μ(温度真值)的置信区间是$(\bar{x}-t_\alpha s/\sqrt{n},\bar{x}+t_\alpha s/\sqrt{n})$

查 t 分布的双侧分位数表可知:自由度 $n-1=4$,$\alpha=0.05$ 时,$t_\alpha(n-1)=t_{0.05}(4)=2.776$.

根据题目信息可计算出 $\bar{x}=\frac{1}{n}\sum_{i=1}^{n}x_i=1259$,$s^2=\frac{1}{n-1}\sum_{i=1}^{n}(x_i-\bar{x})^2=142.5$.

所以,$\bar{x}-t_\alpha s/\sqrt{n}=1259-2.776\times\sqrt{142.5/5}=1244.2$,

$\bar{x}+t_\alpha s/\sqrt{n}=1259+2.776\times\sqrt{142.5/5}=1273.8$.

故温度真值的置信度为 0.95 的置信区间为(1244.2,1273.8).

三、方差的区间估计

总体方差是很重要的一个总体参数,在许多问题中需要对其进行估计,比如,评价某种品牌电视机质量好坏,不仅要估计其平均寿命,而且也要知道在寿命指标上的方差. 所以,方差估计也是经常用到的.

对于总体方差的估计要运用前面已经学过的卡方分布.

1. 总体均值 μ 已知时,对方差的估计

设 $x_1,x_2,\cdots,x_n$ 是从总体 $X\sim N(\mu,\sigma^2)$ 中抽出的简单随机样本,且均值 μ 已知,所以 $x_i\sim N(\mu,\sigma^2)$,而标准化变量 $y_k=(x_k-\mu)/\sigma\sim N(0,1)(k=1,2,\cdots,n)$.

由 χ^2 分布的性质有:$\sum_{k=1}^{n}y_k^2=\sum_{k=1}^{n}(x_k-\mu)^2/\sigma^2=(1/\sigma^2)\sum_{k=1}^{n}(x_k-\mu)^2-\chi^2(n)$

根据χ^2分布的分位数概念，可以得出：

$$P\left\{\chi^2_{1-\alpha/2}(n) < \sum(x_k-\mu)^2/\sigma^2 < \chi^2_{\alpha/2}(n)\right\} = 1-\alpha \qquad (6-15)$$

即：$$P\left\{\sum_{k=1}^{n}(x_k-\mu)^2/\chi^2_{\alpha/2}(n) < \sigma^2 < \sum_{k=1}^{n}(x_k-\mu)^2/\chi^2_{1-\alpha/2}(n)\right\} = 1-\alpha \qquad (6-16)$$

该概率公式表明，

总体方差σ^2的$1-a$的置信区间为$\left(\sum(x_k-\mu)^2/\chi^2_{\alpha/2}(n), \sum(x_k-\mu)^2/\chi^2_{1-\alpha/2}(n)\right.$.

2. 总体均值μ未知，对方差的估计

若总体服从正态分布$N(\mu,\sigma^2)$，且μ未知．设$x_1,x_2,\cdots,x_n$是从总体中抽出的简单随机样本，已知样本方差$s^2=\frac{1}{n-1}\sum_{k=1}^{n}(x_k-\bar{x})^2$是$\sigma^2$的一致无偏估计，且有$(n-1)s^2/\sigma^2\sim\chi^2(n-1)$，根据$\chi^2$分布的分位数概念，

可以得出：$\{\chi^2_{1-\alpha/2}(n-1) < (n-1)s^2/\sigma^2 < \chi^2_{\alpha/2}(n-1)\} = 1-\alpha$, (6-17)

即：$P\{(n-1)s^2/\chi^2_{\alpha/2}(n-1) < \sigma^2 < (n-1)s^2/\chi^2_{1-\alpha/2}(n-1)\} = 1-\alpha$（图6-9），

该概率公式表明，

总体方差σ^2的$1-\alpha$的置信区间为$\left(\frac{(n-1)s^2}{\chi^2_{\alpha/2}(n-1)},\frac{(n-1)s^2}{\chi^2_{1-\alpha/2}(n-1)}\right)$.

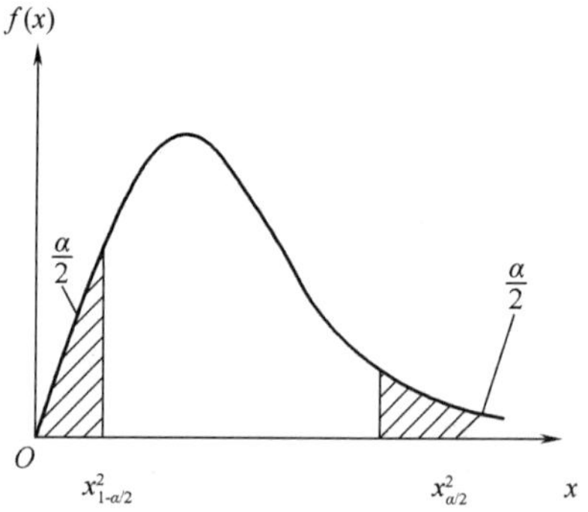

图6-9 卡方分布的上侧临界值

例5 求例4中总体标准差σ的置信度为0.95的置信区间．

解：σ的置信区间为$\left(\sqrt{\frac{(n-1)s^2}{\chi^2_{\alpha/2}(n-1)}},\sqrt{\frac{(n-1)s^2}{\chi^2_{1-\alpha/2}(n-1)}}\right)$.

查卡方分布的上侧分位数表得：

$$\chi^2_{\alpha/2}(n-1)=\chi^2_{0.025}(4)=11.143, \chi^2_{1-\alpha/2}(n-1)=\chi^2_{0.975}(4)=0.488,$$

已知$\alpha=0.05$，$s^2=\frac{1}{n-1}\sum_{k=1}^{n}(x_k-\bar{x})^2=142.5$，

故$\sqrt{\frac{(n-1)s^2}{\chi^2_{\alpha/2}(n-1)}}=\sqrt{\frac{4\times142.5}{11.143}}=7.2$，$\sqrt{\frac{(n-1)s^2}{\chi^2_{1-\alpha/2}(n-1)}}=\sqrt{\frac{4\times142.5}{0.488}}=34.2$.

所以，总体标准差σ的置信度为0.95的置信区间为(7.2,34.2).

习题 6 - 4

1. 已知灯泡寿命的标准差 $\sigma = 50h$，从中抽出 25 个灯泡检验，得到平均寿命为 $\bar{x} = 500h$. 试以 95% 的可靠性对灯泡的平均寿命进行区间估计(假设灯泡寿命服从正态分布).

2. 某商店为了了解居民对某种商品的需求，调查了 100 家住户，得出每户每月平均需求量为 10kg，方差为 9，如果这个商店供应 10000 户，试就居民对该商品的平均需求量进行区间估计($\alpha = 0.01$).

3. 已知某种木材横纹抗压力的实验值遵从正态分布，对 10 个试件作抗压试验，得到数据为(单位 kg/cm^2)：482，493，457，471，510，446，435，418，394，469. 试对该木材横纹抗压力的总体方差进行区间估计(置信度 95%).

第五节　假设检验

一、假设检验概述

1. 假设检验问题

假设检验是统计推断的另一类重要问题．对总体的分布函数的某些参数或分布函数的形式作某种假设，然后利用样本的有关信息对所作假设的正确性进行推断，这类统计问题称为假设检验．假设检验是从样本出发，对关于总体情况的某一命题成立做出定性的回答，比如判断产品是否合格，分布是否为某一已知分布，方差是否相等，等等．在统计中，我们称待考察的命题为假设，根据样本去判断假设是否成立．

下面通过一个例子介绍假设检验的基本思想和基本方法．

例 1　某工厂生产一种零件，零件的标准长度为 $\mu_0 = 2cm$，根据过去大量生产的零件数据算出标准差 $\sigma_0 = 0.05cm$. 现在为了提供产量，采用一种新工艺生产，抽取新工艺加工的零件 10 个，测其长度的平均值是 $\bar{x} = 1.980cm$，问 $\bar{x}$ 与 μ_0 之间的差异．纯粹是试验或测试的误差造成的，还是由于工艺条件的改变造成的?

解：由工艺条件的改变所引起的误差称为条件误差；由生产过程中偶然因素的影响，以及对产品测量的不准确所造成的误差称为随机误差，这种误差即使在同一工艺条件下也是不可避免的．于是问题变成：$\bar{x}$ 与 μ_0 之间的差异是由条件误差引起的还是由随机误差引起的?

用 μ_0 表示原工艺生产的零件长度 X 的数学期望，μ 表示新工艺生产的零件长度的数学期望(未知)，假设工艺的改变对零件长度没有显著影响，也就是 $\bar{x}$ 与 μ_0 之间的差异纯粹是随机误差，不存在条件误差，那么从理论上讲命题 $H_0: \mu = \mu_0$ 应该是成立的．

现在要根据实测的 10 个样本数据来判断这个命题是否成立．命题 $H_0: \mu = \mu_0$ 称为零假设(或原假设)，是待检验的假设，它的对立命题 $H_1: \mu \neq \mu_0$ 称为对立假设(或备择假设). 一般地可表述为：$H_0: \mu = \mu_0$，$H_1: \mu \neq \mu_0$.

如果零假设 $H_0: \mu = \mu_0$ 成立，那么 μ 的估计值 $\bar{x}$ 与 μ_0 的绝对差值 $|\bar{x} - \mu_0|$ 应较小，一旦 $|\bar{x} - \mu_0|$ “太大”了就应拒绝 H_0，就认为零假设 $H_0: \mu = \mu_0$ 不成立．但是 $|\bar{x} - \mu_0|$ 的值究竟大到什么程度才算是“太大”了呢? 这就需要一个标准．

我们可确定一个适当的常数 Z_α：当 $|\bar{x} - \mu_0| > Z_\alpha$ 时，就否定 H_0；否则，就接受 H_0.

拒绝假设 H_0 的区域称为检验的拒绝域 W_1 (如 $|\bar{x} - \mu_0| > Z_\alpha$)，拒绝域的边界点称为

临界值.

如何确定 Z_α 值呢? 我们知道,如果假设 H_0 成立,则事件 $|\bar{x}-\mu_0|>Z_\alpha$ 发生的概率应该是很小的,即 Z_α 值的确定利用的是小概率原理.

"小概率事件在一次试验中实际上是不可能发生的",这个原理称为小概率原理. 它在实际生活中经常被人们自觉或不自觉地用着. 例如,人们每天可以放心地在房间里居住,是因为"楼房坍塌"是一个小概率事件;购买名牌产品,是因为人们认为名牌产品出现次品的概率很小.

当然小概率事件并不是不可能事件,它是有可能发生的,只不过发生的概率很小,人们就认为它在一次试验中不可能发生. 在一次试验中就能发生的事件很难让人相信是小概率事件. 例如:售货员告诉你,某品牌的灯泡质量很好,使用寿命至少在1000小时以上,你买了一个使用,结果用了不到两天就坏了,你一定开始怀疑灯泡的质量;换一个再用,结果不到一天又坏了,那么你一定不会再买这种灯泡了. 假定"灯泡质量好"一般是指合格率在95%以上,那么连续两次抽取都为次品的概率应为0.0025,这是一个概率非常小的事件,它在1000次独立重复试验中平均只能出现2.5次,竟在一次试验中出现了,说明原来的假设值得怀疑,你一定不相信这个"该品牌灯泡质量很好"的假设.

假设检验依据的就是小概率原理. 如果在一次试验中,小概率事件没有发生,则接受零假设;否则,就拒绝零假设. 那么小概率(用 α 表示)一般取值多少为"小"呢?

α 的选定是人们对小概率事件小到什么程度的一种界定,α 越小,统计量的值超过临界值的概率就越小,也就是说在 H_0 成立时,这一事件很难发生,一旦这一事件发生了,人们就有理由怀疑 H_0 的正确性. 所以 α 越小,显著性水平就越高,所谓显著性是指实际情况与 H_0 的判断之间存在差异的程度. 因此,有些书上也把假设检验称为显著性检验,就是通过样本值来检验实际情况与 H_0 的结论是否有显著的差异. 人们根据长期的实践经验,一般取 $\alpha=0.10, 0.05, 0.01, 0.005, 0.001$ 等,但以0.05和0.01两个水平应用较多,0.05称为显著水平;0.01称为极显著水平.

回到例1,如果假设 H_0 成立,则事件 $|\bar{x}-\mu_0|>Z_\alpha$ 发生的概率应该是很小的,即

$$P(|\bar{x}-\mu_0|>Z_\alpha)=\alpha,$$

上式表示 $|\bar{x}-\mu_0|>Z_\alpha$ 是一个小概率事件,依据小概率原理,一旦上式成立,就有理由怀疑 H_0 是否成立,从而得出相应的结论.

2. 假设检验的步骤

2.1　建立原假设 H_0 及备择假设 H_1

原假设和备择假设合起来体现了我们进行假设检验的目的. 即两者选一,或接受原假设而拒绝备择假设,或者相反. 这一决策一般要根据一次抽样结果做出.

记 H_0 为原假设,记 H_1 为备择假设. 原假设又称为零假设或解消假设,备择假设又称为备选假设. H_0, H_1 总是同时出现在一个假设检验的问题里的;当 H_1 被略去不写时,意味着 H_1 是 H_0 的补集,即否定 H_0 的全体为 H_1.

2.2　确定显著水平 α 的取值

常用的取值为0.05和0.01.

用来检验假设正确与否的概率标准称为显著水平. 到底选哪种显著水平,应根据试验的要求或试验结论的重要性而定. 如果试验中难以控制的因素较多,试验误差可能较大,则显著水平可选低些,即 α 值取大些. 反之,如试验耗费较大,对精确度的要求较高,不容许反复,或

者试验结论的应用事关重大,则所选显著水平应高些,即 α 值应该小些. 显著水平 α 对假设检验的结论是有直接影响的,所以它应在试验开始前即规定下来.

2.3　原假设 H_0 正确的前提下,构造统计量

检验统计量是专门用于检验原假设能否成立的统计量,它是一种特殊的统计量,必须满足2个条件,第一是它要利用原假设所提供的信息,第二是它的抽样分布已知.

在假设 H_0 成立的条件下,找出某一与统计假设相关联的统计量,根据其所遵从的分布类型,计算统计量的数值.

2.4　决定 H_0 的拒绝域 W_1,并做结论

拒绝域是指在检验统计量的抽样分布中的一个取值区域,一旦检验统计量的计算值落入了这个区域,就拒绝原假设,接受备择假设;而在这个拒绝域以外的其他区域就称为接受域,当检验统计量的计算值落入接受域时,就接受原假设. 确定拒绝域的根据就是前面提到的小概率原理.

根据统计量的分布,决定 H_0 的拒绝域 W_1,即如果根据样本值计算出的统计量值属于 W_1(小概率发生的区域),则结论为拒绝 H_0,否则接受 H_0. 这样,统计量不是属于 W_0 就是属于 W_1,一次抽样即可做出结论.

但要注意的是,在不同的显著性水平下,拒绝域是不同的,统计推断的结论也不会随之变化. 显著性水平越小,拒绝域也就越小,就越不容易拒绝原假设,或者说检验就越严格.

根据不同的显著水平 0.05 和 0.01,习惯上将相应的统计推断的结论说成是:

差异不显著:如在 0.05 水平下不能拒绝原假设;

差异显著:如在 0.05 水平下拒绝原假设;

差异极显著:如在 0.01 水平下拒绝原假设.

这里的差异是指由样本计算的结果与原假设中的假定之间的差异.

3. 两类错误

当我们检验一个统计假设 H_0 时,总希望做到:当 H_0 为真,则接受假设;若不真,则推翻假设. 但我们对总体并不了解,所以需要检验,但我们的检验是基于一次抽样的结果,由于抽样结果有随机性或者说偶然性,所以,无论是接受 H_0 或拒绝 H_0 都有犯错误的可能,关键是选取 W_1 使犯这两种错误的可能尽量小.

两类错误:

(1)假设 H_0 为真而被推翻了,这叫第一类错误,弃真。犯第一类错误的概率恰好等于显著水平 α;

(2)假设 H_0 不真而被接受了,这叫第二类错误,存伪。犯第二类错误的概率用 β 表示.

尽管 β 无法确定,但已知其值的大小受到下列因素影响:α 由小变大,则 β 由大变小,即犯这两类错误的可能性是互相矛盾的,要想减少第一类错误的可能性就有增加第二类错误的可能性. 而要两类错误都减小,唯一的办法就是增加样本单元数,但实际中我们不能无限制地增大样本单元数. 所以,在实际检验时常常这样做:在给定犯第一类错误的概率的条件下进行检验,这时犯第一类错误的可能性被控制住了,而这个概率就是前面提到的所规定的小概率.

二、正态总体的假设检验

1. 总体平均数的检验(Z 检验与 T 检验)

关于正态总体平均数的假设检验,其统计量可以分以下三个模式:

双侧检验：$H_0:\mu=\mu_0$（μ_0 为已知数）；$H_1:\mu\neq\mu_0$；

单侧检验：左侧检验：$H_0:\mu\geqslant\mu_0$；$H_1:\mu<\mu_0$；

单侧检验：右侧检验：$H_0:\mu\leqslant\mu_0$；$H_1:\mu>\mu_0$.

1.1　一个正态总体平均数的检验

双侧检验

(1)方差 σ^2 已知的情况：

设已知方差 σ^2，检验假设 $H_0:\mu=\mu_0$（μ_0 是已知数）；$H_1:\mu\neq\mu_0$. 现通过一个例题进行分析：

例 2　已知某炼铁厂的铁水含碳量在正常情况下遵从 $N(4.55, 0.110^2)$，现测了 9 炉铁水，其含碳量分别为 4.27，4.32，4.52，4.44，4.51，4.55，4.35，4.28，4.45. 如果标准差没有改变，总体均值是否有显著变化？

解：此题为已知总体方差，检验假设 $H_0:\mu=\mu_0$（μ_0 是已知数）的问题.

假设 $H_0:\mu=\mu_0=4.55$；$H_1:\mu\neq\mu_0$；显著水平为 $\alpha=0.05$；

构造统计量：因为从题意知，样本平均数遵从正态分布 $N(\mu,\sigma_0^2/n)$，因为假设 $H_0:\mu=\mu_0=4.55$ 成立，所以 $\bar{x}\sim N(\mu,\sigma_0^2/n)$，对于这个遵从正态分布的随机变量的标准化变量为 $Z=(\bar{x}-\mu_0)/(\sigma_0/\sqrt{n})\sim N(0,1)$.

决定拒绝域，并做结论：根据标准正态分布的规律，有：$P\{|Z|<Z_\alpha\}=1-\alpha$，

即：$P\{\left|(\bar{x}-\mu_0)/(\sigma_0/\sqrt{n})\right|<Z_\alpha\}=1-\alpha$.

因为给定的可靠性为 95%，所以 $\alpha=0.05$，$Z_\alpha=1.96$，则有：

$P\{\left|(\bar{x}-\mu_0)/(\sigma_0/\sqrt{n})\right|<1.96\}=0.95$，与此相反，$P\{\left|(\bar{x}-\mu_0)/(\sigma_0/\sqrt{n})\right|\geqslant 1.96\}=0.05$.

所以，如果 $|Z|=\left|(\bar{x}-\mu_0)/(\sigma_0/\sqrt{n})\right|\geqslant 1.96$，则表明小概率事件竟在一次试验中发生了，则推翻假设.

通过样本的数据计算得：$\bar{x}=4.41$；

统计量 $|Z|=\left|(\bar{x}-\mu_0)/(\sigma_0/\sqrt{n})\right|=\left|\dfrac{4.41-4.55}{0.110/\sqrt{9}}\right|=|-3.82|=3.82>1.96$，说明在一次抽样试验中发生了小概率事件，这是不合理的，应拒绝 $H_0:\mu=\mu_0=4.55$。即：认为含碳量与原来相比有显著差异.

(2)方差 σ^2 未知的情况：

分为大样本方法和小样本方法，大样本方法，利用标准正态分布的检验方法，只需将未知的总体方差 σ^2 用样本方差来代替.

例 3　林场内造了一块杨树丰产林，5 年后调查其树高，从中重复抽得 50 株，测得 $\bar{x}=10.8\text{m}$，$s=2.2\text{m}$。问：是否可以认为该丰产林的平均树高与 10m 无显著差异.（$\alpha=0.05$）

解：假设 $H_0:\mu=\mu_0=10\text{m}$，即假设该丰产林的平均高与 10m 间无显著差异.

计算：$Z=(\bar{x}-\mu_0)/(s/\sqrt{n})=(10.8-10)\sqrt{50}/2.2\approx 2.57$

因为 $=|Z|=2.57>Z_{0.05}=1.96$，故推翻假设，即该丰产林的平均树高与 10m 之间有显著差异.

而总体方差未知的小样本正态分布资料的检验，用 T 检验的方法，即用样本方差代替总体方差，

则 $T=(\bar{x}-\mu_0)/(s/\sqrt{n}) \sim t(n-1)$

便成了检验用的统计量,对于给定的小概率 α,由 t 分布的双侧临界值表可查得临界值 t_α,使 $P\{|T| \geqslant t_\alpha(n-1)\}=\alpha$

将样本算得 T 值后,就将 $|T|$ 与 t_α 比较,以检验假设是否成立,若 $|T| \geqslant t_\alpha(n-1)$,则拒绝原假设,若相反,则不能拒绝原假设,即接受原假设.

例 4 某乐器厂生产的乐器弦线,其抗拉强度服从均值为 10560kg/cm² 的正态分布。今从一批产品中随机抽取 15 根,测量其抗拉强度,并计算得到:

$\bar{x}=10599.4\text{kg/cm}^2$, $\sum_{i=1}^{15}(x_i-\bar{x})^2=50044.9803(\text{kg/cm}^2)^2$,试问这批产品的抗拉强度有没有显著变化($\alpha=0.05$)?

解:作假设 $H_0:\mu=\mu_0=10560$;$H_1:\mu \neq \mu_0=10560$;

因为方差未知,故用统计量 $T=(\bar{x}-\mu_0)/(s/\sqrt{n})$;

由已知条件可知 $\mu_0=10560$,$n=15$,$\bar{x}=10599.4$,$s^2=\dfrac{1}{15-1}\sum_{k=1}^{15}(x_k-\bar{x})^2=\dfrac{50044.9803}{14}$;

计算统计量的数值:$T=\dfrac{\bar{x}-\mu_0}{s/\sqrt{n}}=\dfrac{10599.4-10560}{\sqrt{\dfrac{50044.9803}{14\times 15}}}\approx 2.5523$;

已知显著水平为 $\alpha=0.05$,$n=15$,所以自由度 $n-1=14$,查 T 分布的双侧临界值表,得到临界值 $t_\alpha=2.145$;因为 $|T|=2.5523>t_\alpha(n-1)=2.145$,所以检验显著,即在显著水平为 0.05 下认为这批弦线的抗拉强度有显著变化.

单侧检验:

在实践中,经常有这样的情况,总体平均数是否超过或小于某一标志值. 这种条件下进行的是单侧检验.

步骤与双侧检验类似.

(1)左侧检验:

假设 $H_0:\mu \geqslant \mu_0$;$H_1:\mu<\mu_0$,确定显著水平 α,

构造统计量:当总体方差已知时,统计量为 $Z=(\bar{x}-\mu_0)/(\sigma/\sqrt{n})$,当总体方差未知时,统计量为 $T=(\bar{x}-\mu_0)/(s/\sqrt{n})$.

确定拒绝域,并做结论:

当总体方差已知时,$\mu \geqslant \mu_0$ 根据标准正态分布有:$P\{(\bar{x}-\mu_0)/(\sigma/\sqrt{n}) \leqslant -Z_{2\alpha}\}=\alpha$

有 $\{(\bar{x}-\mu_0)\sqrt{n}/\sigma \leqslant -Z_{2\alpha}\} \subset \{(\bar{x}-\mu)/\sqrt{n}/\sigma \leqslant -Z_{2\alpha}\}$

因而有 $P\{(\bar{x}-\mu_0)\sqrt{n}/\sigma \leqslant -Z_{2\alpha}\} \leqslant P\{(\bar{x}-\mu)/\sqrt{n}/\sigma \leqslant -Z_{2\alpha}\}$

从而得到 $Z=(\bar{x}-\mu_0)/(\sigma/\sqrt{n}) \leqslant -Z_{2\alpha}$ 是比 α 更小的小概率事件,故当 H_0 成立时,拒绝域为 $Z=(\bar{x}-\mu_0)/(\sigma/\sqrt{n}) \leqslant -Z_{2\alpha}$.

当总体方差未知时,相应的拒绝域为 $T \leqslant -t_{2\alpha}(n-1)$.

当通过样本计算出 Z 或 $T \leqslant -Z_{2\alpha}$ 或 $\leqslant -t_{2\alpha}(n-1)$,则拒绝 H_0,接受 H_1。否则,接受 H_0.

(2)右侧检验:

假设 $H_0:\mu \leqslant \mu_0$;$H_1:\mu>\mu_0$,确定显著水平 α,

构造统计量：当总体方差已知时，统计量为 $Z=(\bar{x}-\mu_0)/(\sigma/\sqrt{n})$，当总体方差未知时，统计量为 $T=(\bar{x}-\mu_0)/(s/\sqrt{n})$.

确定拒绝域：当总体方差已知时，拒绝域为 $Z=(\bar{x}-\mu_0)/(\sigma/\sqrt{n})\geqslant Z_{2\alpha}$.

当总体方差未知时，相应的拒绝域为 $T\geqslant Z_{2\alpha}(n-1)$.

当通过样本计算出 Z 或 $T\geqslant Z_{2\alpha}$ 或 $\geqslant t_{2\alpha}(n-1)$，则拒绝 H_0，接受 H_1。否则，接受 H_0.

例 5 汽车轮胎厂制造的轮胎使用寿命服从均值为 $\mu=50000\text{km}$，标准差为 $\sigma=4000\text{km}$ 的正态分布．现在改变配方，重新生产一种轮胎，若随机抽出 16 个轮胎进行检验，得其平均数为 52000km，那么新产品的寿命比旧产品的寿命是否明显增长了（$\alpha=0.05$）？

解：由于我们只关心轮胎的使用寿命是否超过 50000km，所以假设检验是单侧的．

作假设：$H_0:\mu\leqslant\mu_0=50000$；$H_1:\mu>\mu_0=50000$.

由于方差没有改变，故已知 $\sigma=4000$.

选统计量 $Z=\dfrac{\bar{x}-\mu_0}{\sigma_0/\sqrt{n}}$，计算统计量数值得：$Z=\dfrac{52000-50000}{4000/\sqrt{16}}=2$；

显著水平为 $\alpha=0.05$；因为是单侧检验中右侧检验，因此，查标准正态分布的 2α 双侧分位数表得：$Z_{2\alpha}=Z_{0.10}=1.645$；因为 $Z=2>1.645$，说明在一次抽样试验中发生了小概率事件，应拒绝 $H_0:\mu\leqslant\mu_0=50000$，即认为新产品的使用寿命明显大于旧产品．

1.2 两总体平均数的差异显著性检验

在实践中，还经常碰到两个总体平均数之间的差异性检验．

三种模式：$H_0:\mu_1=\mu_2$；$H_1:\mu_1\neq\mu_2$

$H_0:\mu_1\geqslant\mu_2$；$H_1:\mu_1<\mu_2$

$H_0:\mu_1\leqslant\mu_2$；$H_1:\mu_1>\mu_2$

（1）大样本方法，总体方差未知的情况（Z 检验）：

两总体的分布分别遵从 $N(\mu_1,\sigma_1^2)$，$N(\mu_2,\sigma_2^2)$，分别独立的以重复抽样的方式从两总体中抽取一个样本，样本容量，样本平均数，样本方差分别为：n_1,n_1；$\bar{x}_1,\bar{x}_2$；s_1^2,s_2^2.

由正态分布的性质可知：$\bar{x}_1-\bar{x}_2$ 服从均值为 $\mu_{\bar{x}_1-\bar{x}_2}=\mu_1-\mu_2$，标准差为 $\sigma_{\bar{x}_1-\bar{x}_2}=\sqrt{\dfrac{\sigma_1^2}{n_1}+\dfrac{\sigma_2^2}{n_2}}$ 的正态分布，因 σ_1^2 和 σ_2^2 未知，但样本容量较大，可用样本方差近似估计它们，即 $\sigma_{\bar{x}_1-\bar{x}_2}=\sqrt{\dfrac{s_1^2}{n_1}+\dfrac{s_2^2}{n_2}}$，

构造统计量：$Z=\dfrac{\bar{x}_1-\bar{x}_2-(\mu_1-\mu_2)}{\sigma_{\bar{x}_1-\bar{x}_2}}\sim N(0,1)$

假设 $H_0:\mu_1=\mu_2$，因此 $Z=\dfrac{\bar{x}_1-\bar{x}_2}{\sqrt{\dfrac{s_1^2}{n_1}+\dfrac{s_2^2}{n_2}}}\sim N(0,1)$

然后利用标准正态分布的特点，查表获得给定显著水平 α 的双侧分位数 Z_α 或者上侧分位数 $Z_{2\alpha}$，双侧检验的 H_0 拒绝域为 $|Z|\geqslant Z_\alpha$；左侧检验拒绝域为：$Z<-Z_{2\alpha}$；右侧检验拒绝域为：$Z>Z_{2a}$.

例 6 某单位欲购买一批灯泡，从两个品牌的产品中各取 50 个进行测试，得到甲的平均寿命为 1282h，乙的平均寿命为 1231h，其寿命的样本标准差甲为 80h，乙为 94h. 已知灯泡的寿命服从正态分布，问能否判断两个品牌的灯泡在质量上存在差别（$\alpha=0.01$）？

解：作假设 $H_0:\mu_1=\mu_2$；$H_1:\mu_1\neq\mu_2$.

根据题意得：$\bar{x}_1=1282\text{h}$；$\bar{x}_2=1231\text{h}$；$s_1=80$；$s_2=94$；

构造统计量：$Z=\dfrac{\bar{x}_1-\bar{x}_2}{\sqrt{\dfrac{s_1^2}{n_1}+\dfrac{s_2^2}{n_2}}}=\dfrac{1282-1231}{\sqrt{\dfrac{80^2}{50}+\dfrac{94^2}{50}}}=\dfrac{51}{17.456}\approx 2.922$；

根据显著水平 $\alpha=0.01$，查标准正态分布的双侧分位数表得：$Z_\alpha=Z_{0.01}=2.58$；

由于 $|Z|\approx 2.922>2.58$，故拒绝 $H_0:\mu_1=\mu_2$，可以断定甲品牌与乙品牌灯泡的质量存在差异，考虑到甲的样本平均数高于乙的样本平均数，甲的标准差则小于乙的标准差，所以，可以判断甲品牌的灯泡质量优于乙品牌.

（2）小样本方法，总体方差未知的情况（T 检验）：

两总体满足独立、正态等方差。即：两总体的分布分别遵从 $N(\mu_1,\sigma^2)$，$N(\mu_2,\sigma^2)$，且 σ^2 未知，分别独立的以重复抽样的方式从两总体中抽取一个样本，样本容量，样本平均数，样本方差分别为：$n_i,\bar{x}_i,s_i^2(i=1,2)$.

对于上述重复抽样的两个样本资料有：$\bar{x}_1\sim N(\mu_1,\sigma^2/n_1)$，$\bar{x}_2\sim N(\mu_2,\sigma^2/n_2)$

$$\bar{x}_1-\bar{x}_2\sim N(\mu_1-\mu_2,\sigma^2/n_1+\sigma^2/n_2),$$

将 $\bar{x}_1-\bar{x}_2$ 进行标准化变换得

$$Y_1=\frac{\bar{x}_1-\bar{x}_2-(\mu_1-\mu_2)}{\sigma\sqrt{1/n_1+1/n_2}}\sim N(0,1) \tag{6-18}$$

又

$$\frac{(n_1-1)s_1^2}{\sigma^2}\sim\chi^2(n_1-1),\frac{(n_2-1)s_2^2}{\sigma^2}\sim\chi^2(n_2-1) \tag{6-19}$$

又因 $\bar{x}_1$ 与 s_1^2，$\bar{x}_2$ 与 s_2^2 独立，固有：

$$T=\frac{\bar{x}_1-\bar{x}_2-(\mu_1-\mu_2)}{\sqrt{\dfrac{(n_1-1)s_1^2+(n_2-1)s_2^2}{(n_1+n_2-2)}(\dfrac{1}{n_1}+\dfrac{1}{n_2})}}\sim t(n_1+n_2-2) \tag{6-20}$$

假设 $H_0:\mu_1=\mu_2$ 成立的情况下，上述统计量变为：

$$T=\frac{\bar{x}_1-\bar{x}_2}{\sqrt{\dfrac{(n_1-1)s_1^2+(n_2-1)s_2^2}{(n_1+n_2-2)}(\dfrac{1}{n_1}+\dfrac{1}{n_2})}}\sim t(n_1+n_2-2)$$

双侧检验

假设 $H_0:\mu_1=\mu_2$；$H_1:\mu_1\neq\mu_2$，设 H_0 成立，

则统计量：$T=\dfrac{\bar{x}_1-\bar{x}_2}{\sqrt{\dfrac{(n_1-1)s_1^2+(n_2-1)s_2^2}{(n_1+n_2-2)}(\dfrac{1}{n_1}+\dfrac{1}{n_2})}}\sim t(n_1+n_2-2)$.

对于给定的显著水平，及自由度 $df=n_1+n_2-2$ 查表得到 t 分布的双侧分位数 $t_\alpha(n_1+n_2-2)$ 可使得

$$P\{|T|\geqslant t_\alpha(n_1+n_2-2)\}=\alpha.$$

根据小概率原理，H_0 的拒绝域为 $|T|\geqslant t_\alpha(n_1+n_2-2)$，接受域为 $|T|<t_\alpha(n_1+n_2-2)$.

例 7 为考察温度对某物体断裂强力的影响，在 70℃ 和 80℃ 两种温度下分别重复作了 8 次试验，得断裂强力（单位：kg）的数据如下：

70℃	20.5	18.8	19.8	20.9	21.5	19.5	21.0	21.2
80℃	17.7	20.3	20.0	18.8	19.0	20.1	20.2	19.1

假定70℃下的断裂强力用X表示，且服从$N(\mu_1,\sigma_1^2)$，80℃下的断裂强力用Y表示，且服从$N(\mu_2,\sigma^2)$，问70℃下的断裂强力与80℃下的断裂强力有无差别？

解：作假设$H_0:\mu_1=\mu_2$；$H_1:\mu_1\neq\mu_2$.

根据样本计算出$\bar{x}=20.4$，$\bar{y}=19.4$；$s_1^2=0.886$，$s_2^2=0.829$；$n_1=n_2=8$；

所以统计量

$$T=\frac{\bar{x}_1-\bar{x}_2}{\sqrt{\frac{(n_1-1)s_1^2+(n_2-1)s_2^2}{(n_1+n_2-2)}\left(\frac{1}{n_1}+\frac{1}{n_2}\right)}}$$

$$=\frac{20.4-19.4}{\sqrt{\frac{(8-1)\times0.886+(8-1)\times0.829}{8+8-2}\times\left(\frac{1}{8}+\frac{1}{8}\right)}}=2.16$$

给定显著性水平$\alpha=0.05$，查自由度为$8+8-2=14$的T分布的双侧临界值表，得到$t_{0.05}(14)=2.145$；由于$T=2.16>2.145$，故拒绝$H_0:\mu_1=\mu_2$，即认为70℃下的断裂强力与80℃下的断裂强力有明显差异.

单侧检验

$$H_0:\mu_1\geqslant\mu_2;H_1:\mu_1<\mu_2\text{（左侧检验）}$$

$$H_0:\mu_1\leqslant\mu_2;H_1:\mu_1>\mu_2\text{（右侧检验）}$$

无论是左侧检验还是右侧检验，统计量与双侧检验一样，所不同的是拒绝域不同，左侧检验拒绝域为：$T<-t_{2\alpha}(n_1+n_2-2)$；右侧检验拒绝域为：$T>t_{2\alpha}(n_1+n_2-2)$.

例8 杨树育苗试验株距对苗高的影响，试验采用两种株距：20cm和15cm，除株距不同之外，其他条件相同，经一定时间后，按重复抽样的方式对两种株距的树苗分别抽取$n_1=9$，$n_2=6$株，并测其树高，数据如下，设苗高分布遵从正态分布，且满足等方差条件. 试问是否株距20cm的苗高显著高于株距15cm的苗高？（$\alpha=0.05$）

表6-1 不同株距的苗高

X_{1i}	221	244	243	288	233	220	210	258	245
X_{2i}	268	213	188	189	217	207			

解：由数据计算：$\bar{x}_1=240.22$，$s_1^2=548.45$；$\bar{x}_2=213.67$，$s_2^2=855.07$，因$\bar{x}_1>\bar{x}_2$，那么有可能$\mu_1>\mu_2$. 所以，做假设$H_0:\mu_1\leqslant\mu_2$；$H_1:\mu_1>\mu_2$（右侧检验），

计算：$$T=\frac{\bar{x}_1-\bar{x}_2}{\sqrt{\frac{(n_1-1)s_1^2+(n_2-1)s_2^2}{(n_1+n_2-2)}\left(\frac{1}{n_1}+\frac{1}{n_2}\right)}}=1.95.$$

根据显著性水平及自由度$df=n_1+n_2-2$查表得到t分布的双侧分位数$t_{2\alpha}(n_1+n_2-2)$可使得$t_{0.10}(13)=1.771$，因：$T=1.95>1.771$，所以，拒绝原假设，故认为株距20cm的苗高显著高于15cm的苗高.

2. 总体方差的检验（卡方检验）

方差是总体的一个重要参数，它描述总体单元某标志值的分散程度. 实践中经常要考虑

到检验某一个总体的方差情况及两个甚至更多个总体方差的差异是否显著,即是否齐性等问题. 因此,方差差异显著性检验又称为方差齐性检验. 下面仅就一个正态总体方差的检验方法进行介绍.

对于正态总体 $N(\mu_1,\sigma^2)$ 中方差 σ^2 的检验同样分三个模式:

(1) $H_0:\sigma^2=\sigma_0^2$(σ_0^2 为已知数);$H_1:\sigma^2\neq\sigma_0^2$(属于双侧检验);

(2) $H_0:\sigma^2\geqslant\sigma_0^2$;$H_1:\sigma^2<\sigma_0^2$(属于单侧检验,左侧检验);

(3) $H_0:\sigma^2\leqslant\sigma_0^2$;$H_1:\sigma^2>\sigma_0^2$(属于单侧检验,右侧检验).

对于正态总体 $N(\mu,\sigma^2)$,通常 μ,σ^2 均未知,从总体中以重复抽样方式抽取的简单随机样本,样本容量为 n,样本方差为 s^2,则有 $\chi^2=(n-1)s^2/\sigma^2\sim\chi^2(n-1)$.

2.1 双侧检验

(1)建立原假设:$H_0:\sigma^2=\sigma_0^2$(σ_0^2 为已知数);$H_1:\sigma^2\neq\sigma_0^2$;

(2)确定显著水平 α;

(3)构造统计量:在 H_0 成立的情况下,

$$\chi^2=(n-1)s^2/\sigma^2=(n-1)s^2/\sigma_0^2\sim\chi^2(n-1) \tag{6-21}$$

(4)确定拒绝域,并做结论:对于给定的小概率 α 和自由度 $df=n-1$,可查 χ^2 分布的上侧分位数表得到:$\chi^2_{\alpha/2}(n)$,$\chi^2_{1-\alpha/2}(n)$,使得:

$$P\{\chi^2_{1-\alpha/2}(n-1)<(n-1)s^2/\sigma^2<\chi^2_{\alpha/2}(n-1)\}=1-\alpha \tag{6-22}$$

$$P\{\chi^2\leqslant\chi^2_{1-\frac{\alpha}{2}}(n-1)\}=P\{\chi^2\geqslant\chi^2_{\frac{\alpha}{2}}(n-1)\}=\alpha/2; \tag{6-23}$$

所以,拒绝域为 $\chi^2\leqslant\chi^2_{1-\alpha/2}(n-1)$ 或 $\chi^2\geqslant\chi^2_{\alpha/2}(n-1)$,

比较 $\chi^2=(n-1)s^2/\sigma_0^2$ 的数值是否落入拒绝域,从而做出结论.

2.2 单侧检验

(1)建立原假设:$H_0:\sigma^2\geqslant\sigma_0^2$;$H_1:\sigma^2<\sigma_0^2$(属于单侧检验,左侧检验)

或 $H_0:\sigma^2\leqslant\sigma_0^2$;$H_1:\sigma^2>\sigma_0^2$(属于单侧检验,右侧检验);

(2)确定显著水平 α;

(3)构造统计量:$\chi^2=(n-1)s^2/\sigma_0^2$;

(4)确定拒绝域,并做结论:对于统计假设 $H_0:\sigma^2\geqslant\sigma_0^2$;$H_1:\sigma^2<\sigma_0^2$,设 H_0 成立,则 $(n-1)s^2/\sigma_0^2\geqslant(n-1)s^2/\sigma^2$,而 $\{(n-1)s^2/\sigma_0^2\leqslant\chi^2_{1-\alpha}(n-1)\}\subset\{(n-1)s^2/\sigma^2\leqslant\chi^2_{1-\alpha}(n-1)\}$;

故: $$P\{(n-1)s^2/\sigma_0^2\leqslant\chi^2_{1-\alpha}(n-1)\}\leqslant P\{(n-1)s^2/\sigma^2\leqslant\chi^2_{1-\alpha}(n-1)\}=\alpha \tag{6-24}$$

从而,确定拒绝域为 $\chi^2\leqslant\chi^2_{1-\alpha}(n-1)$,

通过计算 $\chi^2=(n-1)s^2/\sigma_0^2$,比较是否落入拒绝域,从而做结论.

右侧检验方法类似:所不同的是拒绝域为 $\chi^2\geqslant\chi^2_{\alpha}(n-1)$,

当 $\chi^2=(n-1)s^2/\sigma_0^2\geqslant\chi^2_{\alpha}(n-1)$ 时,拒绝 H_0,否则接受 H_0.

习题 6-5

1. 由于工业排水引起附件水质污染,测得鱼的蛋白质含汞的浓度为(单位:ppm):0.37,0.266,0.135,0.095,0.101,0.213,0.228,0.167,0.766,0.054。从过去大量的资料判断,鱼的蛋白质中含汞的浓度服从正态分布,并且从工艺工程分析可以推算出理论上的浓度应为 0.1,问从这组数据来看,实测值与理论值是否符合?

2. 某工厂生产的铜丝的折断力(单位:N)服从正态分布 $N(\mu,8^2)$. 某日抽取 10 根铜丝,进行折断力试验,测得结果如下:578 572 570 568 572 570 572 596 584 570

若已知 $\mu=576$,问是否可以认为该日生产的铜丝合格($\alpha=0.10$)?

3. 一卷烟厂向化验室送去 A,B 两种烟草,化验尼古丁的含量是否相同,从 A,B 中各随机抽取重量相同的 5 例进行化验,测得尼古丁的含量(单位:mg)为

A:24 27 26 21 24

B:27 28 23 31 26

据经验知,尼古丁含量服从正态分布,且 A 种的方差为 5,B 种的方差为 8,取 $\alpha=0.05$,问两种烟草的尼古丁含量是否有差异?

4. 下面是 16 个零件的重量(g),假设该零件的重量服从正态分布 $N(27.5,3.5^2)$,试检验其方差有否变化?($\alpha=0.05$)

24.1 22.8 23.4 28.4 34.1 41.5 25.8 32.5 29.5 30.3 27.3 35.0 27.3 31.7 23.8 29.8

自测题六

一、判断题

1. 设总体的分布函数为 $F(x,\theta)$,$\hat{\theta}_1$与$\hat{\theta}_2$均是参数 θ 的估计量,如果 $D(\hat{\theta}_1)<D(\hat{\theta}_2)$,则$\hat{\theta}_1$比$\hat{\theta}_2$更有效. ( )

2. 设 $x_1,x_2,\cdots,x_n$是来自正态总体 $X\sim N(\mu,\sigma^2)$的一个样本,μ 为未知参数,则μ 的置信水平为 0.95 的置信区间为$\left(\bar{x}-Z_\alpha\frac{\sigma}{\sqrt{n}},\bar{x}+Z_\alpha\frac{\sigma}{\sqrt{n}}\right)$. ( )

3. 设 $x_1,x_2,\cdots,x_n$是来自正态总体 $X\sim N(\mu,\sigma^2)$的一个样本,检验假设 $H_0:\mu=\mu_0$(μ_0为已知数);$H_1:\mu\neq\mu_0$,其拒绝域为$|T|\geqslant t_\alpha(n-1)$. ( )

4. 最大似然估计就是选择一个参数 θ,使得似然函数 $L(\theta;x_1,x_2,\cdots,x_n)$达到最大. ( )

5. 总体参数的矩估计是用样本原点矩估计总体的原点矩,用样本的中心距估计总体的中心矩. ( )

6. 区间估计是每 100 个随机区间中含有待估参数 θ 的约有 95 个、不含待估参数 θ 的约为 5 个(置信度为 95%). ( )

二、选择题

7. 设 $x_1,x_2,\cdots,x_n$是来自正态总体 $X\sim N(\mu,\sigma^2)$(μ,σ^2均未知)的一个样本,则( )是统计量.

(A)x_1 (B)$\bar{x}+\mu$ (C)$\frac{x_1}{\sigma^2}$ (D)μx_1

8. 设总体 X 的均值μ 与方差σ^2都存在,且均为未知数,$x_1,x_2,\cdots,x_n$是来自总体的一个样本,$\bar{x}=\frac{1}{n}\sum_{k=1}^{n}x_k$,则总体方差$\sigma^2$的矩估计为( ).

(A)$\bar{x}$ (B)$\frac{1}{n}\sum_{k=1}^{n}(x_k-\mu)$ (C)$\frac{1}{n}\sum_{k=1}^{n}(x_k-\bar{x})$ (D)$\frac{1}{n}\sum_{k=1}^{n}(x_k)^2$

9. 设 x_1,x_2是来自正态总体 $X\sim N(\mu,1)$的一个样本,其中 μ 为未知数,以下关于 μ 的估计

中,只有(　　)才是 μ 的无偏估计.

(A)$\frac{2}{3}x_1+\frac{4}{3}x_2$　(B)$\frac{1}{4}x_1+\frac{2}{4}x_2$　(C)$\frac{1}{4}x_1+\frac{3}{4}x_2$　(D)$\frac{1}{5}x_1+\frac{7}{5}x_2$

10. 设总体 $X \sim N(\mu,\sigma^2)$,μ,σ^2 均未知,则 $\frac{1}{n}\sum_{k=1}^{n}(x_k-\bar{x})^2$ 是(　　)

(A)μ 的无偏估计　(B)σ^2 的无偏估计　(C)μ 的矩估计　(D)σ^2 的极大似然估计

11. 设 $x_1,x_2,\cdots,x_n$ 是来自总体 X 的样本,且 $EX=\mu,DX=\sigma^2$,则(　　)是 μ 的无偏估计.

(A) $\frac{1}{n}\sum_{k=1}^{n-1}x_k$　(B) $\frac{1}{n-1}\sum_{k=1}^{n}x_k$　(C) $\frac{1}{n-1}\sum_{k=1}^{n-1}x_k$　(D) $\frac{1}{n}\sum_{k=2}^{n}x_k$

12. 已知 θ 为总体 X 的未知参数,$\hat{\theta}$是 θ 的一个估计量,则

(A)$\hat{\theta}$是一个数,且近似等于 θ

(B) $S^2=\frac{1}{n-1}\sum_{k=1}^{n}(x_k-\bar{x})^2$ 是一个统计量,且 $E\hat{\theta}=\theta$

(C)$\hat{\theta}$是一个随机变量

(D)当 n 很大时,$\hat{\theta}$的值可任意靠近 θ

13. 总体 X 服从正态分布 $N(\mu,\sigma^2)$,σ^2 已知,$x_1,x_2,\cdots,x_n$ 为样本,记 $\bar{x}=\frac{1}{n}\sum_{k=1}^{n}x_k$,则($\bar{x}-Z_{0.05}\frac{\sigma}{\sqrt{n}},\bar{x}+Z_{0.05}\frac{\sigma}{\sqrt{n}}$)作为 μ 的置信区间,其置信水平为(　　)

(A)0.95　(B)0.90　(C)0.1　(D)0.05

14. 设正态总体 $X \sim N(\mu,\sigma^2)$,μ 未知,则 σ^2 的置信水平为 $100(1-\alpha)\%$ 的置信区间是(　　)。

(A)$\left(\frac{(n-1)S^2}{x^2_{\alpha/2}(n-1)},\frac{(n-1)S^2}{x^2_{1-\alpha/2}(n-1)}\right)$　(B)$\left(\bar{x}\pm t_{\alpha}\frac{S}{\sqrt{n}}\right)$

(C)$\left(\bar{x}\pm t_{\alpha/2}\frac{S}{\sqrt{n}}\right)$　(D)$\left(\frac{(n-1)S^2}{x^2_{\alpha}(n-1)},\frac{(n-1)S^2}{x^2_{1-\alpha}(n-1)}\right)$

三、填空题

15. 设总体 $X \sim N(\mu,\sigma^2)$,$x_1,x_2,\cdots,x_n$ 是来自 X 的一个样本 $\bar{x}=\frac{1}{n}\sum_{k=1}^{n}x_k$,参数 μ,σ^2 都是未知的,则 σ^2 的矩估计量为__________.

16. 若$\hat{\theta}$是参数 θ 的一个估计量,当满足__________时,$\hat{\theta}$称为 θ 的无偏估计.

17. 若$\hat{\theta}_1,\hat{\theta}_2$是参数 θ 的两个无偏估计量,当满足__________时,称$\hat{\theta}_1$比$\hat{\theta}_2$有效.

18. 在区间估计中,参数的估计区间长度的大小与置信度的大小之间的关系是:__________.

四、计算题

19. 若总体 X 的分布密度函数为 $f(x)=\begin{cases}(\alpha+1)x^{\alpha},0<x<1\\0,\text{其他}\end{cases}$ $(\alpha>1)$,求 α 的矩估计和极大似然估计.

20. 某钢珠直径 X 服从正态分布 $N(\mu,1)$(单位:mm),其中 μ 为未知参数,从刚生产的一大堆钢珠中随机抽出 9 个,得样本均值 $\bar{x}=\frac{1}{9}\sum_{i=1}^{9}x_i=31.06$,样本方差 $S^2=\frac{1}{9}\sum_{k=1}^{9}(x_k-\bar{x})^2=$

0.98^2，求 μ 的95%的区间估计.

21. 设总体 $X \sim B(n,p)$，试求 p 的矩估计和极大似然估计量.

22. 设计公共汽车车厢高度时，假定要求车厢碰到成年男子头部的机会在1%以下，设某地区成年男子身高 $X \sim N(\mu,\sigma^2)$，现通过大量抽样，得 $\bar{x}=170\text{cm}$，$s=6\text{cm}$，试确定车厢最低高度 h 的估计值.

23. 设 $X \sim N(\mu,\sigma^2)$，μ 已知，σ^2 未知，$X_1,\cdots,X_n$ 为样本，求 σ^2 的极大似然估计量，判断它是否 σ^2 的无偏估计.

24. 对一批种子抽取200粒进行发芽实验，发现有178粒发芽，试求发芽率的95%区间估计.

25. 设总体 $X \sim N(\mu,\sigma^2)$，$\sigma=3$，如果要求 μ 的置信度 $1-\alpha$ 的置信区间长度不超过2，取水平 $\alpha=0.1$，那么要抽取样本的容量应该是多少？

26. 某公司对所属分厂生产的两种自行车A、B的销售情况进行统计. 若随机地选择400人询问他们对A、B的选择，其中有224人喜欢B. 试求顾客喜欢A的人数比例 p 的区间估计. 这里置信度为95%.

27. 从自动机床加工的零件中随机抽取20件，测得其长度为（单位：mm）

12　15　12　12　12　01　12　28　12　09

12　03　12　01　12　11　12　06　12　14

可以认为零件长度服从正态分布，求：

（1）方差、标准差的估计值；（2）方差、标准差的置信区间（$\alpha=0.05$）.

28. 假设某产品的重量服从正态分布，现在从一批产品中随机抽取16件，测得平均重量为820克，标准差为60克，试以显著性水平 $\alpha=0.01$ 与 $\alpha=0.05$，分别检验这批产品的平均重量是否是800克.

29. 某加油站经理希望了解驾车人士在该加油站的加油习惯. 在一周内，他随机地抽取100名驾车人士调查，得到如下结果：平均加油量等于13.5加仑，样本标准差是3.2加仑，有19人购买无铅汽油. 试问：以0.05的显著性水平，是否有证据说明平均加油量并非12加仑？

第七章 Matlab在线性代数与概率统计中的应用

【本章提要】

Matlab 是一款功能强大的数值计算软件，不但可以用来进行代数运算、解方程、求解微积分及微分方程、几何作图，而且在线性代数与概率统计中有广泛应用. 本章主要介绍：①Matlab 在线性代数中的应用，包括计算行列式，矩阵的代数运算，逆矩阵和矩阵的秩，解线性方程组等；②Matlab 在概率统计中的应用，包括求随机变量的概率密度函数(概率分布列)和分布函数、计算样本的统计量和抽样分布、区间估计等.

第一节 Matlab 在线性代数中的应用

在 Matlab 中，数据是以矩阵形式存储和运算的，所以 Matlab 可以很方便地进行有关矩阵的计算. 在输入矩阵时，可分行输入；也可以在同一行输入，此时须在每一行结尾须加上分号. 如下列两种输入方法都可以：

```
≫A = [1 2 3 4
     5 6 7 8
     9 10 11 12]
≫A = [1 2 3 4;5 6 7 8;9 10 11 12]
```

若不想让 Matlab 每次都显示运算结果，只需在运算式最后加上分号即可，如：

```
≫A = [1 2 3 4;5 6 7 8;9 10 11 12].
```

一、计算方阵的行列式

函数 det( ) 可以计算方阵的行列式，调用格式为 det(a)，其中参数 a 表示方阵.

例 1 求行列式 $D = \begin{vmatrix} 1 & 5 & 2 & 1 \\ 2 & 2 & 2 & 2 \\ 3 & 1 & 2 & 0 \\ 4 & 2 & 1 & 2 \end{vmatrix}$ 的值.

解：在 Command 窗口输入(符号“%”后面是注释(同一行)).

```
≫a = [1  5  2  1;
      2  2  2  2;
      3  1  2  0;
      4  2  1  2];        %a 矩阵
≫b = det(a)               %函数 det 求行列式的值
```

显示结果：b = 52

行列式中若含有变量，则可利用 sums 命令进行符号运算.

例 2 计算 $D=\begin{vmatrix}1 & 1 & 1\\ x & 3 & 4\\ x^2 & 9 & 16\end{vmatrix}$.

解：在 Command 窗口输入

```
≫sums x;                    % x 是符号变量
≫c =[1   1   1;x   3   4;x^2   9   16];
≫d = det(c)
```

显示结果：d = 12 - 7 * x + x^2

二、矩阵的代数运算及特殊矩阵的生成

矩阵的加减法用 +、- 表示，矩阵的乘法用 * 表示，矩阵的对应元素相乘用. * 表示. 矩阵的除法用\、/表示，a/b = a. b^{-1}，a\b = a^{-1}. b，矩阵的对应元素相除用. /表示.

函数 eye( )可以生成单位阵，调用格式为 eye(n)，生成 n 阶单位阵；也可以用 eye(m,n) 生成广义的 m 行 n 列单位阵.

函数 zeros( )可以生成零矩阵，调用格式为 zeros(n)，生成 n 阶零矩阵；也可以用 zeros(m, n) 生成 m 行 n 列的零矩阵.

函数 ones( )可以生成元素全为一的矩阵，调用格式为 ones(n)，生成元素全为一的 n 阶方阵；也可以用 ones(m,n) 生成 m 行 n 列元素全为一的矩阵.

例 3 设 $a=\begin{vmatrix}1 & 1 & 2 & 1\\ 2 & 1 & 1 & 2\\ 1 & 2 & 2 & 3\end{vmatrix}$, $b=\begin{vmatrix}2 & 1 & 6 & 3\\ 3 & 3 & 2 & 4\\ 2 & 2 & 5 & 5\end{vmatrix}$, $c=\begin{vmatrix}1 & 1 & 1\\ 2 & 3 & 4\\ 4 & 9 & 6\\ 3 & 2 & 3\end{vmatrix}$, $d=\begin{vmatrix}2 & 5 & 1 & 0\\ 1 & 3 & 3 & 1\\ 4 & 2 & 1 & 5\\ 3 & 0 & 1 & 2\end{vmatrix}$，求：

f = a + b，g = a - b，h = a * c，I = c * a，j = a. * b，k = a/b，l = a. /b，m = d\c.

解：在 Command 窗口输入

```
≫a =[1   1   2   1;2   1   1   2 ;1   2   2   3];
≫b =[2   1   6   3;3   3   2   4 ;2   2   5   5];
≫c =[1   1   1 ;2   3   4;4   9   6 ;3   2   3];
≫d =[ 2   5   1   0 ;1   3   3   1 ;4   2   1   5 ;3   0   1   2];
≫F = a + b
≫G = a - b
≫H = a * c
≫I = c * a                   % 矩阵乘法
≫J = a. * b                  % 对应元素相乘
≫K = a/d                     % = a. d
≫L = a. /b                   % 对应元素相除
≫M = d\c
```

显示结果：

```
F =3      2      8      4
   5      4      3      6
```

```
    3     4     7     8
G = -1     0     -4     -2
    -1    -2     -1     -2
    -1     0     -3     -2
H =14    24    20
   14    18    18
   22    31    30
I =4     4     5     6
   12    13    15    20
   28    25    29    40
   10    11    14    16
J =2     1    12     3
   6     3     2     8
   2     4    10    15
K = -0.1667    0.6404    -0.0439    0.2895
     0.0000    0.1579    0.2632    0.2632
    -0.3333    0.7544    0.7018    -0.6316
L =0.5000    1.0000    0.3333    0.3333
   0.6667    0.3333    0.5000    0.5000
   0.5000    1.0000    0.4000    0.6000
M =0.6667    -0.8333    -0.0000
   -0.1754    0.5351    0.0000
   0.5439    -0.0088    1.0000
   0.2281    2.2544    1.0000
```

三、逆矩阵与矩阵的秩

求逆矩阵用函数 inv( ),调用格式 inv(a),其中 a 是方阵.

求矩阵的秩用函数 rank( ),调用格式 rank(a),其中 a 是矩阵.

求转置矩阵用运算符′.

例 4 求矩阵 $a=\begin{vmatrix} 1 & -5 & 2 & 1 \\ -3 & 2 & 6 & 7 \\ 4 & 2 & -1 & 5 \\ 3 & -2 & 4 & -6 \end{vmatrix}$ 逆矩阵、转置矩阵、秩.

解:在 Command 窗口输入

```
>>a = [ 1   -5    2    1
       -3    2    6    7
        4    2   -1    5
        3   -2    4   -6]
>>b = inv(a)                %函数 inv 求逆矩阵
>>c = a * b                 %c 是单位阵
```

```
≫d = b * a                    % d 是单位阵
≫h = a                        % a 的转置
≫g = rank(a)                  % 函数 rank 求矩阵的秩
```

显示结果：

```
a =   1       -5        2        1
     -3        2        6        7
      4        2       -1        5
      3       -2        4       -6
b =0.0119     -0.0366   0.1539   0.0875
   -0.1874    0.0380    0.0403   0.0467
   -0.0064    0.0967   -0.0060   0.1067
    0.0641    0.0334    0.0596  -0.0673
c =1.0000     -0.0000  -0.0000  -0.0000
   -0.0000    1.0000   -0.0000   0.0000
    0         0.0000    1.0000  -0.0000
    0.0000    0.0000    0.0000   1.0000
d =1.0000     -0.0000   0.0000   0.0000
    0         1.0000    0        0.0000
    0        -0.0000    1.0000  -0.0000
    0         0         0        1.0000
h =   1       -5        2        1
     -3        2        6        7
      4        2       -1        5
      3       -2        4       -6
g =4
```

四、解线性方程组

当线性方程组的系数矩阵为可逆方阵时，可以先用函数 inv( ) 求其逆矩阵，再求线性方程组的解；也可以直接利用 matlab 中的除法运算符\求解.

例 5　解线性方程组 $\begin{cases} x_1 - \frac{1}{2}x_2 + \frac{1}{2}x_3 - x_4 = 0 \\ x_1 + x_2 - x_3 + x_4 = 10 \\ x_1 - \frac{1}{4}x_2 - x_3 + x_4 = 0 \\ 8x_1 + x_2 - x_3 - x_4 = 1 \end{cases}$

解： 在 Matlab 编辑器中建立 M 文件如下：

```
A = [1  1/2  1/2  -1 ; 1  1  -1  1;1  -1/4  -1  1;8  1  -1  -1];    % 系数矩阵
B = [0 10 0 1]';              % 列矩阵
X1 = A\B                      % 解法 1
```

```
X2 = inv(A) * B            % 解法 2
```

运行后显示结果：

```
X1 =3.0000
    8.0000
    16.0000
    15.0000
X2 =3.0000
    8.0000
    16.0000
    15.0000
```

当线性方程组有无穷多组解的时候，我们介绍两种求解方法.

第一种方法是通过计算系数矩阵和增广矩阵的秩，先判别解的情况，然后再利用 Matlab 中的除法运算符\求解.

第二种方法是利用 tref( ) 函数求出增广矩阵的行最简阶梯形矩阵，然后在此基础上得到基础解系及通解. 调用格式为 tref(a)，其中 a 为矩阵，返回 a 的行最简阶梯形矩阵.

例 6 解线性方程组 $\begin{cases} x_1 - x_2 + 3x_3 - x_4 = 1 \\ 2x_1 - x_2 - x_3 + 4x_4 = 2 \\ 3x_1 - 2x_2 + 2x_3 + 3x_4 = -3 \\ x_1 - 4x_2 + 5x_4 = -1 \end{cases}$

解法 1：由于程序比较长，因此在 Matlab 编辑器中建立 M 文件如下：

```
A =[1  -1  3  -1;2  -1  -1  4 ;3  -2  2  3 ;1  -4  0  5 ];
b =[1  2  -3  -1]';
B =[A,b];
n =4
rA = rank(A)
rB = rank(B)
format rat            % 指定有理式格式输出
if rA = = rB&rA = = n
x = A\b
else if rA = = rB&rA < n
x = A\b
C = null(A)
else
x = 'equition no solve'
end
end
```

运行之后，显示结果：

```
rA =3
rB =4
x = equition no solve
```

以上结果表明原题中的系数矩阵的秩和增广矩阵的秩不相等,因此无解.

如果将上题中的b,改为 b=[2　-2　0　-4]′;重新运行后显示结果:

```
n =4
rA =3
rB =3
Warning:Matrix is close to singular or badly scaled.
         Results may be inaccurate. RCOND =1.708035e -017.
X =1                  % 特解
   0
   0
  -1
C = -1                % 解空间的基础解系
   1
   1
   1
```

所以方程的通解是 $X=\begin{pmatrix}1\\0\\0\\1\end{pmatrix}+k\begin{pmatrix}-1\\1\\1\\1\end{pmatrix}$

解法2:在 Command 窗口输入

≫ab=[1　-1　3　-1　1;2　-1　-1　4　2; 3　-2　2　3　-3; 1　-4　0　5　-1];tref(ab)

显示结果:

ans =

1	0	0	1	0
0	1	0	-1	0
0	0	1	-1	0
0	0	0	0	1

显然系数矩阵的秩和增广矩阵的秩不相等,无解,把增广矩阵的最后一列修改为 2, -2, 0, -4 重新运行.

≫ab=[1　-1　3　-1　2;2　-1　-1　4　-2; 3　-2　2　3　0; 1　-4　0　5　-4];rref(ab)

显示结果:

ans =

1	0	0	1	0
0	1	0	-1	1
0	0	1	-1	1
0	0	0	0	0

因此可以得到基础解系为$\xi=\begin{pmatrix}-1\\1\\1\\1\end{pmatrix}$,特解为$\eta=\begin{pmatrix}1\\0\\0\\-1\end{pmatrix}$,通解$X=\begin{pmatrix}1\\0\\0\\-1\end{pmatrix}+k\begin{pmatrix}-1\\1\\1\\1\end{pmatrix},k\in R$.

第二节　Matlab 在概率统计中的应用

求离散型随机变量的概率分布律或连续型随机变量的概率密度函数,在 Matlab 中用函数 pdf,求概率分布在 Matlab 中用函数 cdf.

一、离散型的二项分布、泊松分布

1. 二项分布

binopdf(k,n,p) = $P(X=k)=C_n^k p^k q^{n-k}$　　% 二项分布的概率分布律

binocdf(x,n,p) = $\sum_{i=0}^{x} C_n^i p^i q^{n-i}$　　% 二项分布的概率分布函数, n 是试验次数

例 1　电灯泡使用时数在 1000 小时以上的概率为 0.2,求三个灯泡在使用 1000 小时以后最多只有一个坏了的概率.

解:在 Command 窗口输入(符号"%"后面是注释(同一行)).

≫binocdf(1,3,0.8)　　% $=\sum_{i=0}^{1} C_3^i(0.8)^i(0.2)^{3-i}$

显示结果:ans = 0.1040

例 2　一批产品中有 30% 的一等品,进行重复抽样检查,共取 5 样品,求

(1)取出的 5 个样品中恰有 2 个一等品的概率;

(2)取出的 5 个样品中至少有 2 个一等品的概率.

解:(1)在 command 窗口输入

≫binocdf(2,5,0.3) - binocdf(1,5,0.3)

(2)在 command 窗口输入

≫1 - binocdf(1,5,0.3)

显示结果:

(1)ans = 0.3087

(2)ans = 0.4718

例 3　设某射手每次射击打中目标的概率为 0.8,现连续射击 30 次,设随机变量 ξ 表示"击中目标的次数",求 ξ 的概率分布律.

解:在 command 窗口输入

≫binopdf([0:30],30,0.8)

显示结果: ans =

```
  Columns 1 through 6
    0.0000    0.0000    0.0000    0.0000    0.0000    0.0000
  Columns 7 through 12
    0.0000    0.0000    0.0000    0.0000    0.0000    0.0000
```

Columns 13 through 18

0.0000 0.0000 0.0000 0.0002 0.0007 0.0022

Columns 19 through 24

0.0064 0.0161 0.0355 0.0676 0.1106 0.1538

Columns 25 through 30

0.1795 0.1723 0.1325 0.0785 0.0337 0.0093

Column 31

0.0012

2. 泊松分布

$\text{poisspdf}(k,t)=\frac{t^k}{k!}e^{-t}$ 　　% 求泊松分布的概率分布律

$\text{poisscdf}(k,t)=e^{-t}\sum_{i=0}^{k}\frac{t^i}{i!}$ 　　% 求泊松分布的概率分布函数

例 4 已知 $X\sim P(8)$，即 X 服从 $\lambda=8$ 的泊松分布，求：

(1) $P(X\leqslant 1)$ 　　(2) $P(X\leqslant k)$, $k=0,1,2,3,4,5$.

解：(1) 在 Command 窗口输入

≫poisscdf(1,8)

(2) 在 Command 窗口输入

≫poisspdf([0:5],8)

显示结果：

(1) ans = 0.0030

(2) ans = 0.0003 0.0027 0.0107 0.0286 0.0573 0.0916

例 5 某市信息台在长度为 t 的时间间隔内收到的呼叫次数服从参数为 4t 的泊松分布，且与时间间隔的起点无关（时间以分钟计），求

(1) 在一分钟内收到呼叫 7 次的概率；

(2) 在三分钟内收到呼叫次数大于 10 次的概率.

解：(1) 在 Command 窗口输入

≫poisspdf(7,4)

(2) 在 Command 窗口输入

≫1 - poisscdf(10,12)

显示结果：

(1) ans = 0.0595

(2) ans = 0.6528

二、连续型的三个常用分布

1. 指数分布

指数分布的概率密度函数 $\text{exppdf}(x,\lambda)=\begin{cases}\frac{1}{\lambda}e^{-\frac{x}{\lambda}} & x>0\\ 0 & x\leqslant 0\end{cases}$.

指数分布的概率分布函数 $\text{expcdf}(x,\lambda)=\int_0^x\frac{1}{\lambda}e^{-\frac{x}{\lambda}}dx=1-\frac{1}{\lambda}e^{-\frac{x}{\lambda}}$.

例 6　已知某种电子管的寿命 X（小时）服从指数分布：

$$\varphi(x)=\begin{cases}\frac{1}{1000}e^{-\frac{x}{1000}} & x>0\\ 0, & x\leqslant 0\end{cases}$$，求这种电子管能使用 1000 小时以上的概率.

解：在 Command 窗口输入

≫1 - expcdf(1000,1000)

显示结果：ans = 0.3679

2. 正态分布

正态分布的概率密度函数 normpd$f(x,\mu,\sigma)=\frac{1}{\sqrt{2\pi\sigma}}e^{-\frac{(x-u)2}{2\sigma^2}}$.

正态分布的概率分布函数 normcd$f(x,\mu,\sigma)=\int_{-\infty}^{x}\frac{1}{\sqrt{2\pi\sigma}}e^{-\frac{(t-u)2}{2\sigma^2}}dt$.

例 7　设 $X\sim N(3,0.5^2)$，求(1) $P(2.5<X<3.75)$；(2) $P(X>2)$.

解：(1)在 Command 窗口输入

≫normcd$f$(3.75,3,0.5) - normcd$f$(2.5,3,0.5)

(2)在 Command 窗口输入

≫1 - normcdf(2,3,0.5)

显示结果：

(1) ans = 0.7745

(2) ans = 0.9772

3. 均匀分布

均匀分布的概率密度函数用 unifpd$f(x,a,b)$.

均匀分布的概率分布函数 unifcd$f(x,a,b)=\int_{a}^{x}\frac{1}{b-a}dt$.

例 8　某轮渡站从上午 6:00 起每 10 分钟来一班船。若乘客在 9:00 到 10:00 之间的任何时刻到达此站是等可能的，试求他候船时间不到 7 分钟的概率.

解：在 Command 窗口输入

≫unifcdf(10,0,10) - unifcdf (3,0,10)

显示结果：ans = 0.7000

三、样本统计量与抽样分布

1. 样本均值

样本均值 $\bar{X}$ 用函数 mean(x)，其中数组 x 表示一个样本(以下同).

例 9　已知一组样本观测值为 -1,3,5,8,11, -4,5，求样本均值 $\bar{X}$.

解：在 Command 窗口输入

≫a = [-1　3　5　8　11　-4　5];

≫mean(a)

显示结果：ans = 3.8571

2. 样本标准差

样本标准差用函数 std(x) 或 std(x,1)，两者区别如下：

$$\text{std}(x) = \sqrt{\frac{1}{n-1}\sum_{i=1}^{n}(x_i - \bar{x})^2}$$

$$\text{std}(x,1) = \sqrt{\frac{1}{n}\sum_{i=1}^{n}(x_i - \bar{x})^2}$$

例 10 已知一组样本观测值为 3,5,8,12, −3, −7,6,求样本标准差 S.

解:在 Command 窗口输入

≫b = [3　5　8　12　−3　−7　6];

≫std(b)

显示结果:ans = 6.0527

3. 样本方差

样本方差用函数 var(x)或 var(x,1),两者区别如下:

$$\text{var}(x) = \frac{1}{n-1}\sum_{i=1}^{n}(x_i - \bar{x})^2$$

$$\text{var}(x,1) = \frac{1}{n}\sum_{i=1}^{n}(x_i - \bar{x})^2$$

例 11 已知一组样本观测值为 1,3,5,9,求样本方差 S^2.

解:在 Command 窗口输入

≫x = [1　3　5　9];

≫var(x)

显示结果:ans = 11.6667

4. χ^2 分布

χ^2 分布用函数 chi2cdf(x,n)

5. t 分布

t 分布用函数 tcdf(x,n)

6. F 分布

F 分布用函数 fcdf(x,n_1,n_2)

四、区间估计

正态总体 $X \sim N(\mu,\sigma^2)$,σ^2 未知时,求 μ 的置信区间用函数 normfit. 格式如下:

[muhat,sigmahat,muci,sigmaci] = normfit(x,alpha)　% 其中 muhat,sigmahat 分别参数 μ,σ 的估计值,[muci,sigmaci]为置信区间,alpha 为显著性水平.

例 12 已知某厂生产的滚珠直径 $X \sim N(\mu,\sigma^2)$,从某天生产的滚珠中抽取 6 个,测得直径为

14.6,15.1,14.9,14.8,15.2,15.1

求 μ 的置信度为 0.95 的置信区间.

解:在 Command 窗口输入

≫x = [14.6　15.1　14.9　14.8　15.2　15.1];

≫[a b c d] = normfit(x,0.05)

显示结果:a = 14.9500

b = 0.2258

c = 14. 7130

15. 1870

d = 0. 1410

0. 5539.

附表 1 标准正态分布数值表[$Z(x)=P\{X\leqslant x\}$]

Z	0.00	0.01	0.02	0.03	0.04	0.05	0.06	0.07	0.08	0.09
0.00	0.5000	0.5040	0.5080	0.5120	0.5160	0.5199	0.5239	0.5179	0.5319	0.5359
0.10	0.5398	0.5438	0.5478	0.5517	0.5557	0.5596	0.5636	0.5675	0.5714	0.5753
0.20	0.5793	0.5832	0.5871	0.5910	0.5948	0.5987	0.6026	0.6064	0.6103	0.6141
0.30	0.6179	0.6217	0.6255	0.6293	0.6331	0.6368	0.6406	0.6443	0.6480	0.6517
0.40	0.6554	0.6591	0.6628	0.6664	0.6700	0.6736	0.6772	0.6808	0.6844	0.6879
0.50	0.6915	0.6950	0.6985	0.7019	0.7054	0.7088	0.7123	0.7157	0.7190	0.7224
0.60	0.7257	0.7291	0.7324	0.7357	0.7389	0.7422	0.7454	0.7486	0.7517	0.7549
0.70	0.7580	0.7611	0.7642	0.7673	0.7704	0.7734	0.7764	0.7794	0.7823	0.7852
0.80	0.7881	0.7910	0.7939	0.7967	0.7995	0.8023	0.8051	0.8078	0.8106	0.8133
0.90	0.8159	0.8186	0.8212	0.8238	0.8264	0.8289	0.8315	0.8340	0.8365	0.8389
1.00	0.8413	0.8438	0.8461	0.8485	0.8508	0.8531	0.8554	0.8577	0.8599	0.8621
1.10	0.8643	0.8665	0.8686	0.8708	0.8729	0.8749	0.8770	0.8790	0.8810	0.8830
1.20	0.8849	0.8869	0.8888	0.8907	0.8925	0.8944	0.8962	0.8980	0.8997	0.9015
1.30	0.9032	0.9049	0.9066	0.9082	0.9099	0.9115	0.9131	0.9147	0.9162	0.9177
1.40	0.9192	0.9207	0.9222	0.9236	0.9251	0.9265	0.9279	0.9292	0.9306	0.9319
1.50	0.9332	0.9345	0.9357	0.9370	0.9382	0.9394	0.9406	0.9418	0.9429	0.9441
1.60	0.9452	0.9463	0.9474	0.9484	0.9495	0.9505	0.9515	0.9525	0.9535	0.9545
1.70	0.9554	0.9564	0.9573	0.9582	0.9591	0.9599	0.9608	0.9616	0.9625	0.9633
1.80	0.9641	0.9649	0.9656	0.9664	0.9671	0.9678	0.9686	0.9693	0.9699	0.9706
1.90	0.9713	0.9719	0.9726	0.9732	0.9738	0.9744	0.9750	0.9756	0.9761	0.9767
2.00	0.9772	0.9778	0.9783	0.9788	0.9793	0.9798	0.9803	0.9808	0.9812	0.9817
2.10	0.9821	0.9826	0.9830	0.9834	0.9838	0.9842	0.9846	0.9850	0.9854	0.9857
2.20	0.9861	0.9864	0.9868	0.9871	0.9875	0.9878	0.9881	0.9884	0.9887	0.9890
2.30	0.9893	0.9896	0.9898	0.9901	0.9904	0.9906	0.9909	0.9911	0.9913	0.9916
2.40	0.9918	0.9920	0.9922	0.9925	0.9927	0.9929	0.9931	0.9932	0.9934	0.9936
2.50	0.9938	0.9940	0.9941	0.9943	0.9945	0.9946	0.9948	0.9949	0.9951	0.9952
2.60	0.9953	0.9955	0.9956	0.9957	0.9959	0.9960	0.9961	0.9962	0.9963	0.9964
2.70	0.9965	0.9966	0.9967	0.9968	0.9969	0.9970	0.9971	0.9972	0.9973	0.9974
2.80	0.9974	0.9975	0.9976	0.9977	0.9977	0.9978	0.9979	0.9979	0.9980	0.9981
2.90	0.9981	0.9982	0.9982	0.9983	0.9984	0.9984	0.9985	0.9985	0.9986	0.9986
3.00	0.9987	0.9987	0.9987	0.9988	0.9988	0.9989	0.9989	0.9989	0.9990	0.9990

附表 2　标准正态分布的双侧临界值表($P\{|Z|>z_\alpha\}=\alpha$)

α	0.00	0.01	0.02	0.03	0.04	0.05	0.06	0.07	0.08	0.09
0.0	∞	2.58	2.33	2.17	2.05	1.96	1.88	1.81	1.75	1.70
0.1	1.64	1.60	1.55	1.51	1.48	1.44	1.41	1.37	1.34	1.31
0.2	1.28	1.25	1.23	1.20	1.17	1.15	1.13	1.10	1.08	1.06
0.3	1.04	1.02	0.99	0.97	0.95	0.93	0.92	0.90	0.88	0.86
0.4	0.84	1.82	0.81	0.79	0.77	0.76	0.74	0.72	0.71	0.69
0.5	0.67	0.66	0.64	0.63	0.61	0.60	0.58	0.57	0.55	0.54
0.6	0.52	0.51	0.50	0.48	0.47	0.45	0.44	0.43	0.41	0.40
0.7	0.39	0.37	0.36	0.35	0.33	0.32	0.31	0.29	0.28	0.27
0.8	0.25	0.24	0.23	0.21	0.20	0.19	0.18	0.16	0.15	0.14
0.9	0.13	0.11	0.10	0.09	0.08	0.63	0.05	0.04	0.03	0.01

α	0.001	0.0001	0.00001	0.000001	0.0000001
Z_α	3.29	3.89	4.42	4.89	5.33

注:EXCEL 的标准正态分布双侧临界值函数为 NORMSINV(1 - α/2)。

附表 3　t 分布双侧临界值表($P\{|t|>t_\alpha\}=\alpha$)

α df	0.100	0.050	0.025	0.010	0.001	α	0.100	0.050	0.025	0.010	0.001
1	6.314	12.71	25.5	63.66	636.6	22	1.717	2.074	2.405	2.819	3.792
2	2.920	4.303	6.205	9.925	31.60	23	1.714	2.069	2.398	2.807	3.768
3	2.353	3.182	4.177	5.841	12.92	24	1.711	2.064	2.391	2.797	3.745
4	2.132	2.776	3.495	4.604	8.610	25	1.708	2.060	2.385	2.787	3.725
5	2.015	2.571	3.163	4.032	6.869	26	1.706	2.056	2.379	2.779	3.707
6	1.943	2.447	2.969	3.707	5.959	27	1.703	2.052	2.373	2.771	3.689
7	1.895	2.365	2.841	3.499	5.408	28	1.701	2.048	2.368	2.763	3.674
8	1.860	2.306	2.752	3.355	5.041	29	1.699	2.045	2.364	2.756	3.660
9	1.833	2.262	2.685	3.250	4.781	30	1.697	2.042	2.360	2.750	3.646
10	1.812	2.228	2.634	3.169	4.587	35	1.690	2.030	2.342	2.724	3.591
11	1.796	2.201	2.593	3.106	4.437	40	1.684	2.021	2.329	2.704	3.551
12	1.782	2.179	2.560	3.055	4.318	45	1.679	2.014	2.319	2.690	3.520
13	1.771	2.160	2.533	3.012	4.221	50	1.676	2.009	2.311	2.678	3.496
14	1.761	2.145	2.510	2.977	4.140	55	1.673	2.004	2.304	2.668	3.476
15	1.753	2.131	2.490	2.947	4.073	60	1.671	2.000	2.299	2.660	3.460
16	1.746	2.120	2.473	2.921	4.015	70	1.667	1.994	2.291	2.648	3.435
17	1.740	2.110	2.458	2.898	3.965	80	1.664	1.990	2.284	2.639	3.416
18	1.734	2.101	2.445	2.878	3.922	90	1.662	1.987	2.280	2.632	3.402
19	1.729	2.093	2.433	2.861	3.883	100	1.660	1.984	2.276	2.626	3.390
20	1.725	2.086	2.423	2.845	3.850	120	1.658	1.980	2.270	2.617	3.373
21	1.721	2.080	2.414	2.831	3.819	∞	1.645	1.960	2.241	2.576	3.291

注:EXCEL 的 t 分布双侧临界值函数为 TINV(α,df)。

附表 4 χ^2 分布的上侧临界值表($P\{\chi^2 > \chi^2 \alpha\} = \alpha$)

α df	0.995	0.990	0.975	0.950	0.900	0.750	0.500	0.250	0.100	0.050	0.025	0.010	0.005
1	0.00	0.00	0.00	0.00	0.02	0.10	0.45	1.32	2.71	3.84	5.02	6.63	7.88
2	0.01	0.02	0.05	0.10	0.21	0.58	1.39	2.77	4.61	5.99	7.38	9.21	10.60
3	0.07	0.11	0.22	0.35	0.58	1.21	2.37	4.11	6.25	7.81	9.35	11.34	12.84
4	0.21	0.30	0.48	0.71	1.06	1.92	3.36	5.39	7.78	9.49	11.14	13.28	14.86
5	0.41	0.55	0.83	1.15	1.61	2.67	4.35	6.63	9.24	11.07	12.83	15.09	16.75
6	0.68	0.87	1.24	1.64	2.20	3.45	5.35	7.84	10.64	12.59	14.45	16.81	18.55
7	0.99	1.24	1.69	2.17	2.83	4.25	6.35	9.04	12.02	14.07	16.01	18.48	20.28
8	1.34	1.65	2.18	2.73	3.49	5.07	7.34	10.22	13.36	15.51	17.53	20.09	21.95
9	1.73	2.09	2.70	3.33	4.17	5.90	8.34	11.39	14.68	16.92	19.02	21.67	23.59
10	2.16	2.56	3.25	3.94	4.87	6.74	9.34	12.55	15.99	18.31	20.48	23.21	25.19
11	2.60	3.05	3.82	4.57	5.58	7.58	10.34	13.70	17.28	19.68	21.92	24.73	26.76
12	3.07	3.57	4.40	5.23	6.30	8.44	11.34	14.85	18.55	21.03	23.34	26.22	28.30
13	3.57	4.11	5.01	5.89	7.04	9.30	12.34	15.98	19.81	22.36	24.74	27.69	29.82
14	4.07	4.66	5.63	6.57	7.79	10.17	13.34	17.12	21.06	23.68	26.12	29.14	31.32
15	4.60	5.23	6.26	7.26	8.55	11.04	14.34	18.25	22.31	25.00	27.49	30.58	32.80
16	5.14	5.81	6.91	7.96	9.31	11.91	15.34	19.37	23.54	26.30	28.85	32.00	34.27
17	5.70	6.41	7.56	8.67	10.09	12.79	16.34	20.49	24.77	27.59	30.19	33.41	35.72
18	6.26	7.01	8.23	9.39	10.86	13.68	17.34	21.60	25.99	28.87	31.53	34.81	37.16
19	6.84	7.63	8.91	10.12	11.65	14.56	18.34	22.72	27.20	30.14	32.85	36.19	38.58
20	7.43	8.26	9.59	10.85	12.44	15.45	19.34	23.83	28.41	31.41	34.17	37.57	40.00
21	8.03	8.90	10.28	11.59	13.24	16.34	20.34	24.93	29.62	32.67	35.48	38.93	41.40
22	8.64	9.54	10.98	12.34	14.04	17.24	21.34	26.04	30.81	33.92	36.78	40.29	42.80
23	9.26	10.20	11.69	13.09	14.85	18.14	22.34	27.14	32.01	35.17	38.08	41.64	44.18
24	9.89	10.86	12.40	13.85	15.66	19.04	23.34	28.24	33.20	36.42	39.36	42.98	45.56
25	10.52	11.52	13.12	14.61	16.47	19.94	24.34	29.34	34.38	37.65	40.65	44.31	46.93
26	11.16	12.20	13.84	15.38	17.29	20.84	25.34	30.43	35.56	38.89	41.92	45.64	48.29
27	11.81	12.88	14.57	16.15	18.11	21.75	26.34	31.53	36.74	40.11	43.19	46.96	49.65
28	12.46	13.56	15.31	16.93	18.94	22.66	27.34	32.62	37.92	41.34	44.46	48.28	50.99
29	13.12	14.26	16.05	17.71	19.77	23.57	28.34	33.71	39.09	42.56	45.72	49.59	52.34
30	13.79	14.95	16.79	18.49	20.60	24.48	29.34	34.80	40.26	43.77	46.98	50.89	53.67
40	20.71	22.16	24.43	26.51	29.05	33.66	39.34	45.62	51.81	55.76	59.34	63.69	66.77
50	27.99	29.71	32.36	34.76	37.69	42.94	49.33	56.33	63.17	67.50	71.42	76.15	79.49
60	35.53	37.48	40.48	43.19	46.46	52.29	59.33	66.98	74.40	79.08	83.30	88.38	91.95
70	43.28	45.44	48.76	51.74	55.33	61.70	69.33	77.58	85.53	90.53	95.02	100.43	104.21
80	51.17	53.54	57.15	60.39	64.28	71.14	79.33	88.13	96.58	101.88	106.63	112.33	116.32
90	59.20	61.75	65.65	69.13	73.29	80.62	89.33	98.65	107.57	113.15	118.14	124.12	128.30
100	67.33	70.06	74.22	77.93	82.36	90.13	99.33	109.14	118.50	124.34	129.56	135.81	140.17

注:EXCEL 的 χ^2 分布上侧临界值函数为 CHIINV(α,df)

附表 5a F 分布的上侧临界值表($P\{F > F_{0.10}\} = 0.10$)

n1	1	2	3	4	5	6	7	8	12	24	∞
n2											
1	39.86	49.50	53.59	55.83	57.24	58.20	58.59	59.44	60.71	62.00	63.33
2	8.53	9.00	9.16	9.24	9.29	9.33	9.35	9.37	9.41	9.45	9.49
3	5.54	5.46	5.36	5.32	5.31	5.28	5.27	5.25	5.22	5.18	5.13
4	4.54	4.32	4.19	4.11	4.05	4.01	3.98	3.95	3.90	3.83	3.76
5	4.06	3.78	3.62	3.52	3.45	3.40	3.37	3.34	3.27	3.19	3.10
6	3.78	3.46	3.29	3.18	3.11	3.05	3.01	2.98	2.90	2.82	2.72
7	3.59	3.26	3.07	2.96	2.88	2.83	2.78	2.75	2.67	2.58	2.47
8	3.46	3.11	2.92	2.81	2.73	2.67	2.62	2.59	2.50	2.40	2.29
9	3.36	3.01	2.81	2.69	2.61	2.55	2.51	2.47	2.38	2.28	2.16
10	3.29	2.92	2.73	2.61	2.52	2.46	2.41	2.38	2.28	2.18	2.06
11	2.23	2.86	2.66	2.54	2.45	2.39	2.34	2.30	2.21	2.10	1.97
12	3.18	2.81	2.61	2.48	2.39	2.33	2.28	2.24	2.15	2.04	1.90
13	3.14	2.76	2.56	2.43	2.35	2.28	2.23	2.20	2.10	1.98	1.85
14	3.10	2.73	2.52	2.39	2.31	2.24	2.19	2.15	2.05	1.94	1.80
15	3.07	2.70	2.49	2.36	2.27	2.21	2.16	2.12	2.02	1.90	1.76
16	3.05	2.67	2.46	2.33	2.24	2.18	2.13	2.09	1.99	1.87	1.72
17	3.03	2.64	2.44	2.31	2.22	2.15	2.10	2.06	1.96	1.84	1.69
18	3.01	2.62	2.42	2.29	2.20	2.13	2.08	2.04	1.93	1.81	1.66
19	2.99	2.61	2.40	2.27	2.18	2.11	2.06	2.02	1.91	1.79	1.63
20	2.97	2.59	2.38	2.25	2.16	2.09	2.04	2.00	1.89	1.77	1.61
21	2.96	2.57	2.36	2.23	2.14	2.08	2.02	1.98	1.87	1.75	1.59
22	2.95	2.56	2.35	2.22	2.13	2.06	2.01	1.97	1.86	1.73	1.57
23	2.94	2.55	2.34	2.21	2.11	2.05	1.99	1.95	1.84	1.72	1.55
24	2.93	2.54	2.33	2.19	2.10	2.04	1.98	1.94	1.83	1.70	1.53
25	2.92	2.53	2.32	2.18	2.09	2.02	1.97	1.93	1.82	1.69	1.52
26	2.91	2.52	2.31	2.17	2.08	2.01	1.96	1.92	1.81	1.68	1.50
27	2.90	2.51	2.30	2.17	2.07	2.00	1.95	1.91	1.80	1.67	1.49
28	2.89	2.50	2.29	2.16	2.06	2.00	1.94	1.90	1.79	1.66	1.48
29	2.89	2.50	2.28	2.15	2.06	1.99	1.93	1.89	1.78	1.65	1.47
30	2.88	2.49	2.28	2.14	2.05	1.98	1.93	1.88	1.77	1.64	1.46
40	2.84	2.44	2.23	2.09	2.00	1.93	1.87	1.83	1.71	1.57	1.38
60	2.79	2.39	2.18	2.04	1.95	1.87	1.82	1.77	1.66	1.51	1.29
120	2.75	2.35	2.13	1.99	1.90	1.82	1.77	1.72	1.60	1.45	1.19
∞	2.71	2.30	2.08	1.94	1.85	1.17	1.72	1.67	1.55	1.38	1.00

注:1. n1 是分子的自由度,n2 是分母的自由度。

2. EXCEL 的 F 分布上侧临界值函数为 FINV(α,n1,n2)。

附表 5b F 分布的上侧临界值表($P\{F > F_{0.05}\} = 0.05$)

n1 / n2	1	2	3	4	5	6	7	8	12	24	∞
1	161.4	199.5	215.7	224.6	230.2	234.0	236.8	238.9	243.9	249.1	254.3
2	18.51	19.00	19.16	19.25	19.30	19.33	19.35	19.37	19.41	19.45	19.50
3	10.13	9.55	9.28	9.12	9.01	8.94	8.89	8.85	8.74	8.64	8.53
4	7.709	6.944	6.591	6.388	6.256	6.163	6.094	6.041	5.912	5.774	5.628
5	6.608	5.786	5.409	5.192	5.050	4.950	4.876	4.818	4.678	4.527	4.365
6	5.987	5.143	4.757	4.534	4.387	4.284	4.207	4.147	4.000	3.841	3.669
7	5.591	4.737	4.347	4.120	3.972	3.866	3.787	3.726	3.575	3.410	3.230
8	5.318	4.459	4.066	3.838	3.688	3.581	3.500	3.438	3.284	3.115	2.928
9	5.117	4.256	3.863	3.633	3.482	3.374	3.293	3.230	3.073	2.900	2.707
10	4.965	4.103	3.708	3.478	3.326	3.217	3.135	3.072	2.913	2.737	2.538
11	4.844	3.982	3.587	3.357	3.204	3.095	3.012	2.948	2.788	2.609	2.404
12	4.747	3.885	3.409	3.259	3.106	2.996	2.913	2.849	2.687	2.505	2.296
13	4.667	3.806	3.411	3.179	3.025	2.915	2.832	2.767	2.604	2.420	2.206
14	4.600	3.739	3.344	3.112	2.958	2.848	2.764	2.699	2.534	2.349	2.131
15	4.543	3.682	3.297	3.056	2.901	2.790	2.707	2.641	2.475	2.288	2.066
16	4.494	3.634	3.239	3.007	2.852	2.741	2.657	2.591	2.425	2.235	2.010
17	4.451	3.592	3.197	2.965	2.810	2.699	2.614	2.548	2.381	2.190	1.960
18	4.414	3.555	3.160	2.928	2.773	2.661	2.577	2.510	2.342	2.150	1.917
19	4.381	3.522	3.127	2.895	2.740	2.628	2.544	2.477	2.308	2.114	1.878
20	4.351	3.493	3.098	2.866	2.711	2.599	2.514	2.447	2.278	2.082	1.843
21	4.325	3.467	3.072	2.840	2.685	2.573	2.488	2.420	2.250	2.054	1.812
22	4.301	3.443	3.049	2.817	2.661	2.549	2.464	2.397	2.226	2.028	1.783
23	4.279	3.422	3.028	2.796	2.640	2.528	2.442	2.375	2.204	2.005	1.757
24	4.260	3.403	3.009	2.776	2.621	2.508	2.423	2.355	2.183	1.984	1.733
25	4.242	3.385	2.991	2.759	2.603	2.490	2.405	2.337	2.165	1.964	1.711
26	4.225	3.369	2.975	2.743	2.587	2.474	2.388	2.321	2.148	1.946	1.691
27	4.210	3.354	2.960	2.728	2.572	2.459	2.373	2.305	2.132	1.930	1.672
28	4.196	3.340	2.947	2.714	2.558	2.445	2.359	2.291	2.118	1.915	1.654
29	4.183	3.328	2.934	2.701	2.545	2.432	2.346	2.278	2.104	1.901	1.638
30	4.171	3.316	2.922	2.690	2.534	2.421	2.334	2.266	2.092	1.887	1.622
40	4.085	3.232	2.839	2.606	2.449	2.336	2.249	2.180	2.003	1.793	1.509
60	4.001	3.150	2.758	2.525	2.368	2.254	2.167	2.097	1.917	1.700	1.389
120	3.920	3.072	2.680	2.447	2.290	2.175	2.087	2.016	1.834	1.608	1.254
∞	3.841	2.996	2.605	2.372	2.214	2.099	2.010	1.938	1.752	1.517	1.000

注:1. n1 是分子的自由度,n2 是分母的自由度。

2. EXCEL 的 F 分布上侧临界值函数为 FINV(α,n1,n2)。

附表 5c　F 分布的上侧临界值表($P\{F > F_{0.025}\} = 0.025$)

n1	1	2	3	4	5	6	7	8	12	24	∞
n2											
1	647.8	799.5	864.2	899.6	921.8	937.1	948.2	956.7	976.7	997.2	1018
2	38.51	39.00	39.17	39.25	39.30	39.33	39.36	39.37	39.41	39.46	39.50
3	17.44	16.04	15.44	15.10	14.88	14.73	14.62	14.54	14.34	14.12	13.90
4	12.22	10.65	9.98	9.60	9.36	9.20	9.07	8.98	8.75	8.51	8.26
5	10.01	8.43	7.76	7.39	7.15	6.98	6.85	6.76	6.52	6.28	6.02
6	8.81	7.26	6.60	6.23	5.99	5.82	5.70	5.60	5.37	5.12	4.85
7	8.07	6.54	5.89	5.52	5.29	5.12	4.99	4.90	4.67	4.42	4.14
8	7.57	6.06	5.42	5.05	4.82	4.65	4.53	4.43	4.20	3.95	3.67
9	7.21	5.71	5.08	4.72	4.48	4.32	4.20	4.10	3.87	3.61	3.33
10	6.94	5.46	4.83	4.47	4.24	4.07	3.95	3.85	3.62	3.37	3.08
11	6.72	5.26	4.63	4.28	4.04	3.88	3.76	3.66	3.43	3.17	2.88
12	6.55	5.10	4.47	4.12	3.89	3.73	3.61	3.51	3.28	3.02	2.72
13	6.41	4.97	4.35	4.00	3.77	3.60	3.48	3.39	3.15	2.89	2.60
14	6.30	4.86	4.24	3.89	3.66	3.50	3.38	3.29	3.05	2.79	2.49
15	6.20	4.77	4.15	3.80	3.58	3.41	3.29	3.20	2.96	2.70	2.40
16	6.12	4.69	4.08	3.73	3.50	3.34	3.22	3.12	2.89	2.63	2.32
17	6.04	4.62	4.01	3.66	3.44	3.28	3.16	3.06	2.82	2.56	2.25
18	5.98	4.56	3.95	3.61	3.38	3.22	3.10	3.01	2.77	2.50	2.19
19	5.92	4.51	3.90	3.56	3.33	3.17	3.05	2.96	2.72	2.45	2.13
20	5.87	4.46	3.86	3.51	3.29	3.13	3.01	2.91	2.68	2.41	2.09
21	5.83	4.42	3.82	3.48	3.25	3.09	2.97	2.87	2.64	2.37	2.04
22	5.79	4.38	3.78	3.44	3.22	3.05	2.93	2.84	2.60	2.33	2.00
23	5.75	4.35	3.75	3.41	3.18	3.02	2.90	2.81	2.57	2.30	1.97
24	5.72	4.32	3.72	3.38	3.15	2.99	2.87	2.78	2.54	2.27	1.94
25	5.69	4.29	3.69	3.35	3.13	2.97	2.85	2.75	2.51	2.24	1.91
26	5.66	4.27	3.67	3.33	3.10	2.94	2.82	2.73	2.49	2.22	1.88
27	5.63	4.24	3.65	3.31	3.08	2.92	2.80	2.71	2.47	2.19	1.85
28	5.61	4.22	3.63	3.29	3.06	2.90	2.78	2.69	2.45	2.17	1.83
29	5.59	4.20	3.61	3.27	3.04	2.88	2.76	2.67	2.43	2.15	1.81
30	5.57	4.18	3.59	3.25	3.03	2.87	2.75	2.65	2.41	2.14	1.79
40	5.42	4.05	3.46	3.13	2.90	2.74	2.62	2.53	2.29	2.01	1.64
60	5.29	3.93	3.34	3.01	2.79	2.63	2.51	2.41	2.17	1.88	1.48
120	5.15	3.80	3.23	2.89	2.67	2.52	2.39	2.30	2.05	1.76	1.31
∞	5.02	3.69	3.12	2.79	2.57	2.41	2.29	2.19	1.94	1.64	1.00

注:1. n1 是分子的自由度,n2 是分母的自由度。

2. EXCEL 的 F 分布上侧临界值函数为 FINV(α,n1,n2)。

附表 5d F分布的上侧临界值表($P\{F>F_{0.01}\}=0.01$)

n1	1	2	3	4	5	6	7	8	12	24	∞
n2											
1	4052	4999	5404	5624	5764	5859	5928	5981	6107	6234	6366
2	98.50	99.00	99.16	99.25	99.30	99.33	99.36	99.38	99.42	99.46	99.50
3	34.12	30.82	29.46	28.71	28.24	27.91	27.67	27.49	27.05	26.60	26.13
4	21.20	18.00	16.69	15.98	15.52	15.21	14.98	14.80	14.37	13.93	13.46
5	16.26	13.27	12.06	11.39	10.97	10.67	10.46	10.29	9.89	9.47	9.02
6	13.75	10.92	9.78	9.15	8.75	8.47	8.26	8.10	7.72	7.31	6.88
7	12.25	9.55	8.45	7.85	7.46	7.19	6.99	6.84	6.47	6.07	5.65
8	11.26	8.65	7.59	7.01	6.63	6.37	6.18	6.03	5.67	5.28	4.86
9	10.56	8.02	6.99	6.42	6.06	5.80	5.61	5.47	5.11	4.73	4.31
10	10.04	7.56	6.55	5.99	5.64	5.39	5.20	5.06	4.71	4.33	3.91
11	9.646	7.206	6.217	5.668	5.316	5.069	4.886	4.744	4.397	4.021	3.602
12	9.330	6.927	5.953	5.412	5.064	4.821	4.640	4.499	4.155	3.780	3.361
13	9.074	6.701	5.739	5.205	4.862	4.620	4,441	4.302	3.960	3.587	3.165
14	8.862	6.515	5.564	5.035	4.695	4.456	4.278	4.140	3.800	3.427	3.004
15	8.683	6.359	5.417	4.893	4.556	4.318	4.142	4.004	3.666	3.294	2.868
16	8.531	6.226	5.292	4.773	4.437	4.202	4.026	3.890	3.553	3.181	2.753
17	8.400	6.112	5.185	4.669	4.336	4.101	3.927	3.791	3.455	3.083	2.653
18	8.285	6.013	5.092	4.579	4.248	4.015	3.841	3.705	3.371	2.999	2.566
19	8.185	5.926	5.010	4.500	4.171	3.939	3.765	3.631	3.297	2.925	2.489
20	8.096	5.849	4.938	4.431	4.103	3.871	3.699	3.564	3.231	2.859	2.421
21	8.017	5.780	4.874	4.369	4.042	3.812	3.640	3.506	3.173	2.801	2.360
22	7.945	5.719	4.817	4.313	3.988	3.758	3.587	3.453	3.121	2.749	2.305
23	7.881	5.664	4.765	4.264	3.939	3.710	3.539	3.406	3.074	2.702	2.256
24	7.823	5.614	4.718	4.218	3.895	3.667	3.496	3.363	3.032	2.659	2.211
25	7.770	5.568	4.675	4.177	3.855	3.627	3.457	3.324	2.993	2.620	2.169
26	7.721	5.526	4.637	4.140	3.818	3.591	3.421	3.288	2.958	2.585	2.131
27	7.677	5.488	4.601	4.106	3.785	3.558	3.388	3.256	2.926	2.552	2.097
28	7.636	5.453	4.568	4.074	3.754	3.528	3.358	3.226	2.896	2.522	2.064
29	7.598	5.420	4.538	4.045	3.725	3.499	3.330	3.198	2.868	2.495	2.034
30	7.562	5.390	4.510	4.018	3.699	3.473	3.305	3.173	2.843	2.469	2.006
40	7.314	5.178	4.313	3.828	3.514	3.291	3.124	2.993	2.665	2.288	1.805
60	7.077	4.977	4.126	3.649	3.339	3.119	2.953	2.823	2.496	2.115	1.601
120	6.851	4.787	3.949	3.480	3.174	2.956	2.792	2.663	2.336	1.950	1.381
∞	6.635	4.605	3.782	3.319	3.017	2.802	2.639	2.511	2.185	1.791	1.000

注:1. n1 是分子的自由度,n2 是分母的自由度。

2. EXCEL 的 F 分布上侧临界值函数为 FINV(α,n1,n2)。

附表 5e　F 分布的上侧临界值表（$P\{F > F_{0.005}\} = 0.005$）

n1	1	2	3	4	5	6	7	8	12	24	∞
n2											
1	16211	20000	21615	22500	23056	23437	23715	23925	24426	24940	25465
2	198.5	199.0	199.2	199.2	199.3	199.3	199.4	199.4	199.4	199.5	199.5
3	55.55	49.80	47.47	46.19	45.39	44.84	44.43	44.13	43.39	42.62	41.83
4	31.33	26.28	24.26	23.15	22.46	21.97	21.62	21.35	20.70	20.03	19.32
5	22.78	18.31	16.53	15.56	14.94	14.51	14.20	13.96	13.38	12.78	12.14
6	18.63	14.45	12.92	12.03	11.46	11.07	10.79	10.57	10.03	9.47	8.88
7	16.24	12.40	10.88	10.05	9.52	9.16	8.89	8.68	8.18	7.65	7.08
8	14.69	11.04	9.60	8.81	8.30	7.95	7.69	7.50	7.01	6.50	5.95
9	13.61	10.11	8.72	7.96	7.47	7.13	6.88	6.69	6.23	5.73	5.19
10	12.83	9.43	8.08	7.34	6.87	6.54	6.30	6.12	5.66	5.17	4.64
11	12.23	8.91	7.60	6.88	6.42	6.10	5.86	5.68	5.24	4.76	4.23
12	11.75	8.51	7.23	6.52	6.07	5.76	5.52	5.35	4.91	4.43	3.90
13	11.37	8.19	6.93	6.23	5.79	5.48	5.25	5.08	4.64	4.17	3.65
14	11.06	7.92	6.68	6.00	5.56	5.26	5.03	4.86	4.43	3.96	3.44
15	10.80	7.70	6.48	5.80	5.37	5.07	4.85	4.67	4.25	3.79	3.26
16	10.58	7.51	6.30	5.64	5.21	4.91	4.69	4.52	4.10	3.64	3.11
17	10.38	7.35	6.16	5.50	5.07	4.78	4.56	4.39	3.97	3.51	2.98
18	10.22	7.21	6.03	5.37	4.96	4.66	4.44	4.28	3.86	3.40	2.87
19	10.07	7.09	5.92	5.27	4.85	4.56	4.34	4.18	3.76	3.31	2.78
20	9.94	6.99	5.82	5.17	4.76	4.47	4.26	4.09	3.68	3.22	2.69
21	9.83	6.89	5.73	5.09	4.68	4.39	4.18	4.01	3.60	3.15	2.61
22	9.73	6.81	5.65	5.02	4.61	4.32	4.11	3.94	3.54	3.08	2.55
23	9.63	6.73	5.58	4.95	4.54	4.26	4.05	3.88	3.47	3.02	2.48
24	9.55	6.66	5.52	4.89	4.49	4.20	3.99	3.83	3.42	2.97	2.43
25	9.48	6.60	5.46	4.84	4.43	4.15	3.94	3.78	3.37	2.92	2.38
26	9.41	6.54	5.41	4.79	4.38	4.10	3.89	3.73	3.33	2.87	2.33
27	9.34	6.49	5.36	4.74	4.34	4.06	3.85	3.69	3.28	2.83	2.29
28	9.28	6.44	5.32	4.70	4.30	4.02	3.81	3.65	3.25	2.79	2.25
29	9.23	6.40	5.28	4.66	4.26	3.98	3.77	3.61	3.21	2.76	2.21
30	9.18	6.35	5.24	4.62	4.23	3.95	3.74	3.58	3.18	2.73	2.18
40	8.83	6.07	4.98	4.37	3.99	3.71	3.51	3.35	2.95	2.50	1.93
60	8.49	5.79	4.73	4.14	3.76	3.49	3.29	3.13	2.74	2.29	1.69
120	8.18	5.54	4.50	3.92	3.55	3.28	3.09	2.93	2.54	2.09	1.43
∞	7.88	5.30	4.28	3.72	3.35	3.09	2.90	2.74	2.36	1.90	1.00

注：1. n1 是分子的自由度，n2 是分母的自由度。

2. EXCEL 的 F 分布上侧临界值函数为 FINV（α，n1，n2）。

参考文献

1. 谢国瑞. 线性代数及应用[M]. 北京:高等教育出版社,1999.
2. 龚德恩. 经济数学基础(第二分册):线性代数[M]. 成都:四川人民出版社,1992.
3. 柳金甫,王义东. 概率论与数理统计(经管类)[M]. 武汉:武汉大学出版社,2006.
4. 王梓坤. 概率论基础及其应用[M]. 北京:科学出版社,1979.
5. 中山大学数学力学系. 概率论及数理统计[M]. 北京:人民教育出版社,1980.
6. 王春珊. 经济数学基础[M]. 合肥:中国科技大学出版社,2007.
7. 吴赣昌. 概率论与数理统计(经济类)[M]. 北京:中国人民大学出版社,2006.
8. 顾静相. 经济数学基础[M]. 北京:高等教育出版社,2000.
9. 周兆麟. 经济数学基础[M]. 下册. 北京:中央广播电视大学出版社,1994.
10. 冯杰,黄力伟,王勤,尹成义. 数学建模原理与案例[M]. 北京:科学出版社,2007.
11. 魏鑫. Matlab R2014a 从入门到精通[M]. 北京:电子工业出版社,2015.
12. 吴叶民,徐亚丹. 线性代数与概率统计[M]. 北京:冶金工业出版社,2013.